Johann Georg Mönckeberg

Vor hundert Jahren aus dem Tagebuch von Johann Georg Mönckeberg

1783-1789. Gedruckt als Manuskript für die Familienmitglieder

Johann Georg Mönckeberg

Vor hundert Jahren aus dem Tagebuch von Johann Georg Mönckeberg
1783-1789. Gedruckt als Manuskript für die Familienmitglieder

ISBN/EAN: 9783743602434

Hergestellt in Europa, USA, Kanada, Australien, Japan

Cover: Foto ©ninafisch / pixelio.de

Weitere Bücher finden Sie auf **www.hansebooks.com**

Vor hundert Jahren.

Aus dem Tagebuche

von

Johann Georg Mönckeberg

1783 1789.

Gedruckt als Manuscript für die Familien-Mitglieder.

Hamburg 1885.

Druck von H. O. Persiehl.

Vor mir liegt in fünf kleinen Octavheften voll eng beschriebener vergilbter Blätter das Tagebuch, welches mein Großvater Johann Georg Mönckeberg als Gymnasiast, Student und Licentiat der Rechte in den Jahren 1783—1789 geführt hat. Die sehr regelmäßigen Eintragungen enthalten meist nur ganz kurze Notizen über das Wetter, die täglichen Spaziergänge und über Gewinn und Verlust im Spiel. Es finden sich aber auch mancherlei Aufzeichnungen, welche geeignet sind uns von der Persönlichkeit des Verfassers und von den Verhältnissen, in welchen derselbe vor nunmehr Hundert Jahren in Hamburg, Göttingen und Wetzlar lebte, ein anschauliches Bild zu geben. Wenn ich den Versuch mache, dies in dem Tagebuche zerstreute Material zusammenzustellen und im Anhange einige Mittheilungen über das spätere Leben meines Großvaters hinzufüge, so leitet mich dabei der Wunsch, bei den Nachkommen des Letzteren die Erinnerung an einen Mann lebendig zu erhalten, welcher durch seine bedeutende Persönlichkeit und seine für die Vaterstadt verdienstvolle Wirksamkeit begründeten Anspruch auf unser ehrendes Andenken hat. Das Material für die im Anhange enthaltenen Mittheilungen verdanke ich theils den Söhnen des

Tagebuchschreibers, Carl und Georg, welchen ich diese kleine Arbeit mit dem Gefühle herzlicher Liebe und Dankbarkeit widme, theils dem bewährten Freunde unserer Familie, dem Herrn Archivar Dr. Otto Beneke. In der Einleitung habe ich Dasjenige zusammengestellt, was uns über die früheren Schicksale der Mönckeberg'schen Familie bekannt ist. Die Auszüge aus den alten Kirchenbüchern in Münder habe ich selbst im vorigen Herbste angefertigt. Die vollständige Stammtafel wird, wie ich hoffe, den Familien-Mitgliedern erwünscht sein.

Schließlich bemerke ich noch, daß sich kurze biographische Notizen über Johann Georg Mönckeberg in folgenden Druckschriften finden:

1) im Neuen Nekrolog der Deutschen, Band XX, S. 368,
2) im Hamburger Schriftsteller Lexicon, Band V, S. 313,
3) im „Serapeum", Zeitschrift für Bibliothekswissenschaft Jahrgang 1855, S. 361—367,
4) in der von Charles Fuchs herausgegebenen Portrait-Sammlung „Hamburg's denkwürdige Männer, mit kurzem Text von Dr. G. F. Buek", Heft 14.

Hamburg, im Januar 1885.

        J. G. Mönckeberg Dr.

Einleitung.

Zwischen Hannover und Hameln, nur eine Viertelstunde Eisenbahnfahrt von letzterer Stadt entfernt, liegt das kleine Landstädtchen Münder, wegen des nahen Deister-Gebirges von der Post mit dem Zusatze „am Deister" bezeichnet. Als nach dem Ende des dreißigjährigen Krieges der damalige Pastor zu Münder, Mag. Joan Rederken, die in seiner Gemeinde vorkommenden Trauungen und Taufen in ein dünnes Quartbüchlein einzutragen begann, lebten in Münder mehrere Hausväter, welche den Zunamen Mönckeberg führten*), deren Verwandtschaft unter einander nicht mehr nachzuweisen ist. Eines Jasper Mönckeberg Ehefrau, Agnete Pluns mit Namen — ihre Trauung muß stattgefunden haben, bevor Mag. Rederken seine Kirchenbuchführung begann — scheint die freundschaftlichen Beziehungen zu den verwandten Familien dadurch gepflegt zu haben, daß sie bereitwilligst bei den Kindern derselben Gevatter stand. Da sie bei einer solchen Gelegenheit am 10. November 1648 — es wurde „Sutoris Monckebergs**) Söhnlein,

---

*) Der Name wird im Laufe der Zeit bald Möncheberg, bald Monckeberg, Mönkeberg oder Monkeberg geschrieben, offenbar lediglich den orthographischen Grundsätzen des jederzeitigen Pastors entsprechend.

**) Nach einer anderen Notiz des Kirchenbuches hieß dieser Schuster M. ebenfalls Hans. Vielleicht war er der Bruder des Jasper und eines gleichzeitig lebenden Jürgen. Sowohl dieser Hans, wie Jürgen hinterließen zahlreiche Nachkommen, von welchen ohne Zweifel die noch jetzt in Münder lebenden Mönckebergs abstammen.

genannt Hans, natus 25 Octobris," getauft — als Jasper Mönckebergs Frau bezeichnet wird, während am 23. October 1657 ihr eigener
Sohn Hans als „sel. Jasper Mönckebergs relictus" mit Jungfer
Margreta Tonebol copulirt wurde, muß Jasper Mönckeberg in
der Zwischenzeit verstorben sein. Ein Leichenregister aus jener Zeit,
wenn Mag. Rederken ein solches überhaupt geführt hat, ist nicht mehr
vorhanden. Jasper Mönckebergs vidua stand dann noch am 27. September 1658 bei einem Töchterlein Jürgen Mönckebergs und am
6. October 1659 bei dem Joan Jost getauften Söhnlein ihres eigenen
(Hans M. junior genannten) Sohnes Gevatter und zwar gemeinschaftlich mit Hans Mönckeberg senior, dem Schuster, und Jost
Tonebol, welcher letztere vermuthlich ein Bruder der Mutter des Täuflings
gewesen sein wird. Der im Jahre 1659 getaufte Joan Jost kommt
im Kirchenbuche später nicht wieder vor. Die Vermuthung liegt nahe,
daß derselbe identisch ist mit Joan Jürgen Mönckeberg, Bürger
Hans Mönckeberg's ehelichem Sohne, welcher im Jahre 1691, am
21sten Sonntage post Trin. mit Jungfer Maria Elisabeth Fresen, sel.
Christian Fresen hinterlassenen ehel. Tochter copulirt worden ist. Von
der Taufe dieses Joan Jürgen findet sich nämlich keine Spur in den
Kirchenbüchern und es dürfte daher anzunehmen sein, daß der Joan
Jost getaufte Sohn des Hans Mönckeberg junior sich aus irgend
einem Grunde später Joan Jürgen genannt und bei seiner Verheirathung
diese Namen angegeben hat. Bei der wohl ausschließlich auf mündlichen
Angaben der Betheiligten beruhenden Kirchenbuchführung konnte das
leicht unbemerkt bleiben. Ein anderer Sohn des Hans Mönckeberg
junior, Berend mit Namen, heirathete 1693 Dorothea Elisabeth
Tonebohl und bekleidete die Stellung des „Kellerwirths", d. h. des Wirths
am Rathskeller zu Münder. Seine zahlreichen Söhne — bei dem 1706
gebornen Johann David Siegmund standen Bürgermeister und Rath
von Münder Gevatter—starben früh; Berend selbst starb erst 1751, „ein

alter abgelebter Bürger", wie es im Kirchenbuche heißt. Johan Jürgen Mönckeberg, des Hans junior Sohn, hatte zwei Söhne, von denen der ältere Christian (wahrscheinlich nach seinem Großvater Fresen so genannt) im Jahre 1702 geboren sein wird (die Tauf- und Trauregister aus den Jahren 1698—1703 fehlen; Christian M. starb 1758 im März, 55 Jahre alt), während der jüngere, wie der Vater Johan Jürgen genannt, am 16. März 1704 geboren wurde und am 3. Januar 1757 unverheirathet verstarb. Er wird als „Bürger, Bäcker und Brauer" bezeichnet. (Die in den Kirchenbüchern häufig vorkommende Bezeichnung als „Brauer" will besagen, daß der Betreffende Besitzer eines Grundstücks mit der Braugerechtigkeit war.) Ueber die Familien-Verhältnisse seines älteren Bruders Christian sind uns nähere Nachrichten erhalten, die wir dem Umstande verdanken, daß der im vorigen Jahrhundert amtirende Pastor Conerding zu Münder die folgende Bemerkung in das von ihm geführte Kirchenbuch eingetragen hat:

„Nachricht. Weil in dem Jahre 1737 und in der folgenden Zeit zwei Christian Mönkeberge vorkommen, die Kinder haben taufen lassen und die Mütter nicht dabei genannt sind und dieses leicht Verwirrung veranlaßt, so habe ich selbiges hier auseinander setzen wollen:

Christian Mönkeberg, Jürgen's Sohn, den 22. November 1725 verehelicht mit Margaretha Elisabeth Soltenborn.

Kinder davon:

1) Maria Elisabeth, geb. 6. September 1726, verehel. Mönnichhusen, hernach an den Riemer Erdmann.

2) Johan Jürgen Mönkeberg, geboren 16. Juli 1729 (hier ist später von anderer Hand hinzugefügt: „gestorben zu Altona 1783").

3) Ernst Friederich Mönkeberg, geb. 4. April 1735."

Es folgen dann die Angaben über den zweiten Christian M., Cords*) Sohn, welcher sich den 16. November 1734 verheirathete und nur Töchter hatte, von welchen die jüngste an einen Conrad Mönckeberg verehelicht war. Schließlich wird noch hinzugefügt, daß „in neueren Zeiten", (eine Jahreszahl findet sich bei der „Nachricht" nicht) noch ein dritter Christian Mönckeberg vorkomme, dessen Wittwe Friedrich Schmidt geheirathet habe.

Der zuerst genannte Christian Mönckeberg, Jürgens Sohn, Bürger und Brauer, starb ausweise des mit dem Jahre 1703 begonnenen Leichenregisters am 18. März 1758; seine Wittwe Margaretha Elisabeth Soltenbornen starb erst am 30. April 1779, 81 Jahre alt.

Den beiden Söhnen dieses würdigen Paares scheint es in den kleinbürgerlichen Verhältnissen in Münder zu eng geworden zu sein. Der ältere von ihnen, Johann Jürgen oder Johann Georg, wie er sich später nannte, ging nach Altona, während der jüngere, Ernst Friedrich, nach Hamburg zog und der Stammvater der hamburgischen Familie Mönckeberg wurde. Von den Schicksalen des älteren Bruders ist wenig bekannt. Im October 1783 erkrankte er und am 9. November desselben Jahres erhielt die Familie seines Bruders, gerade als sie zur Kirche gehen wollte, die Nachricht von seinem Tode. Er wird unverheirathet gewesen sein. Aus dem Tagebuche seines, nach ihm Johann Georg benannten Neffen und Pathen ergibt sich, daß die hamburger Verwandten im Sterbehause Besuche annahmen, daß der Verfasser des Tagebuchs „einen catalogus von den Büchern seines sel. Oheims angefertigt hat" und daß dieselben im Februar des folgenden Jahres in Auction verkauft worden sind. Es scheint also schon dieser Johann Georg Mönckeberg die

---

*) Cord, Cohrt oder Curt Mönckeberg war 1666 als „Hans Mönckebergs senioris Söhnlein" geboren und starb 1741, den 5. März, als Bürger, Brauer und vormaliger Cämmerer, an demselben Tage mit seiner Ehefrau Anna Ursula, geb. Groten.

Liebhaberei für Bücher getheilt zu haben, welche in dem Leben seines gleichnamigen Neffen eine so große Rolle gespielt hat.

Ernst Friedrich Mönckeberg fand als junger Mensch in Hamburg eine Stellung in einem kaufmännischen Geschäfte. Er muß Glück gehabt haben, da er sich schon im 28sten Lebensjahre selbstständig etabliren konnte. Am 14. Januar 1763 erwarb er das hamburgische Bürgerrecht und am 15. Juni desselben Jahres verheirathete er sich mit der am 20. Mai 1737 geborenen Jgfr. Sophia Margaretha Leisner aus Altona*), einer Tochter des damals bereits verstorbenen Kaufmanns Johann Christoph Leisner und der Margaretha Sophia, geb. Krebs, Tochter des Pastor Peter Krebs in Eppendorf (geb. 1659, Sept. 18, gest. 1724, April 21), dessen Bildniß sich in der Eppendorfer Kirche befindet. Durch die Ehefrau des Pastor Krebs, eine Tochter des im Jahre 1709 verstorbenen Altonaer Bürgermeisters Johann Hallmann war die Mönckeberg'sche Familie, neben anderen Nachkommen des genannten Hallmann (u. A. der Familie des bekannten Historikers Prof. Wattenbach), an einem Altonaer Fideicommiß betheiligt, zu welchem früher bedeutendes Grundeigenthum gehört haben soll, welches aber zuletzt den Betheiligten nur sehr geringfügige Einnahmen abwarf und schließlich vor einigen Jahrzehnten mit ganz unerheblichem Erfolge liquidirt worden ist.

Von Ernst Friedrich Mönckeberg, welcher ein Tuchgeschäft (Laken, Englische und Deutsche Wollen-Waaren en gros, Firma und Banco-Conto mit dem Namen des Inhabers gleichlautend) betrieb und nach damaliger Sitte regelmäßig die Braunschweiger Messe besuchte, wird erzählt, daß er einer der längsten Männer an der Hamburger Börse

---

* Die Hochzeit fand im Cremon, im Hause eines Herrn Lüring, statt, und zwar mit fünf Musikanten. (Gebühren waren zu entrichten Crt. Mark 39 12 Schilling und Crt. Mark 6, nachdem in Altona eine Concession zur Hauscopulation mit dem Bemerken, daß letztere in Hamburg stattfinden werde, erwirkt worden war.

gewesen sei. Sein im Jahre 1767 gemaltes Portrait zeigt uns ein feines kluges Gesicht mit gebogener Nase und schönen blauen Augen. Der Sitte jener Zeit entsprechend trug er das Haar gepudert und als Staatskleid einen rothen Sammetrock mit weißer goldgestickter Weste. Frühzeitig erkrankte er an der Gicht; wiederholte Badereisen nach Meinberg brachten keine Heilung; Jahre lang war er, völlig gelähmt, an sein Haus gefesselt, bis er am 26. December 1785, nur 50 Jahre alt, verstarb. Seine Frau welche ihn um mehr als 20 Jahre überlebte, erscheint auf dem als Pendant zum Portrait ihres Mannes gemalten Bilde in ihrem rothen, mit Pelz verbrämten Gewande und den kunstreich frisirten, selbstverständlich gepuderten Haaren zwar nicht schön, aber freundlich und frisch in die Welt hineinschauend. Sie beschenkte ihren Mann mit sechs Kindern, drei Söhnen und drei Töchtern, von welchen nur der zweite Sohn, der am 7. November 1766 geborene Tagebuchschreiber, spätere Senator und Licentiatus juris Johann Georg Mönckeberg die Familie fortpflanzte.

I. Im Elternhause.

1783 — 1785

Im Januar 1783, mit welchem Zeitpunkte das Tagebuch des damaligen Gymnasiasten Johann Georg Mönckeberg beginnt, bewohnte die M.'sche Familie ein am Grimm, wenn man von der Catharinen-Kirche kommt, an der rechten Seite der Straße belegenes Haus, welches der Vater im Jahre 1774 käuflich erworben hatte. Dies Haus, in welchem die Wittwe M. bis zu ihrem Tode verblieb, hatte früher von Winthem gehört, bei welchem Klopstock in den Jahren 1771 — 1773 gewohnt und den „Messias" vollendet haben soll. Hinter den Häusern am Grimm befanden sich zu jener Zeit ansehnliche Gärten, welche erst viel später großen Hintergebäuden, sowie den Häusern der neuen Gröningerstraße Platz gemacht haben. Solche Gärten im Innern der Stadt waren zu einer Zeit, als es nur Wenigen vergönnt war im Sommer außerhalb der Thore zu wohnen, eine sehr große Annehmlichkeit. Aus dem Tagebuche ersehen wir, daß der Verfasser an schönen Sommerabenden mit seinen Freunden bei gemüthlicher Unterhaltung im Garten zu sitzen liebte. Einen Blick in den letzteren, mit seinen alten schattigen Bäumen, gewähren uns auch die folgenden Tagebuch-Notizen:

Sept. 3., 1783. „Ich war sehr melancholisch über unsern todten Pfaffen, den die Nachlässigkeit des Mädchens tödtete."

Sept. 6. „Um 8 begrub ich den todten Pfaffen zur linken Seite des großen Kastanienbaums vor dem Apartement zu."

Sept. 19. „Der große Kastanienbaum ward abgehauen, weil er verdorren wollte. Bei der Gelegenheit sah ich meinen Vogel wieder."

Der Vater war zur Zeit als das Tagebuch begonnen wurde, bereits durch unheilbare Krankheit verhindert das Haus zu verlassen. Es war natürlich, daß Frau und Kinder sich bemühten, ihm die Zeit, so gut es ging, zu vertreiben. Fast jeden Abend wurde Karten gespielt; kam Niemand zum Besuch, so spielten die Mutter, die beiden älteren Söhne (von denen der 19jährige Ernst Friedrich im Geschäft des Vaters thätig war, der 16jährige Johann Georg das Gymnasium besuchte), bisweilen auch die ältere, damals 13jährige Tochter Maria (Wieken genannt) mit dem kranken Vater die verschiedensten Kartenspiele, L'hombre, Whist, Quadrille, besten Bauern u. A. Im Tagebuche wird erwähnt daß eine befreundete Dame sie im Mai 1783 Boston gelehrt habe. Da dies Spiel aber später nicht wieder vorkommt, wird es wohl keinen Anklang gefunden haben. Bisweilen spielte auch einer der Söhne allein mit dem Vater Piquet oder Toccadille. Es wurde stets um Geld gespielt; sehr oft aber findet sich die Bemerkung im Tagebuche, daß der Vater die Annahme des gewonnenen Geldes verweigert oder das vom Sohne an dritte Personen verlorne ersetzt habe. Nur ein einziges Mal berichtet das Tagebuch, daß der Verfasser seinem Vater von 7 bis 9 Uhr Abends „etwas vorgelesen". Es war dies in der stillen Woche, in welcher nicht gespielt wurde.

Außer den Familiengliedern nahmen noch einige Herren ziemlich regelmäßig an dem abendlichen Spiele theil. Ein gewisser von Hagen wird mindestens wöchentlich ein Mal im Tagebuche genannt; auch ein gewisser Lodge*) kam sehr häufig; bei Beiden liegt die Vermuthung

---

*) Wahrscheinlich Thomas Lodge, Kaufmann, seit 1781 im Staatskalender genannt als Mitglied der sog. englischen Court.

nahe, daß sie mit dem Kranken nicht nur persönlich befreundet waren, sondern auch in näheren geschäftlichen Beziehungen zu ihm standen.

Nicht selten, gewöhnlich Sonntags, versammelte sich Abends ein etwas größerer Kreis im Mönckeberg'schen Hause: Pastor Schwabe*) von St. Catharinen, der Beichtvater der Familie, der Rector des Johanneums Lichtenstein**) und der Professor und Bibliothekar Schütze***) fanden sich oftmals zu einer Parthie L'hombre ein, an welcher nicht selten auch der 16jährige Sohn des Hauses theilnahm. Außer den bereits Genannten gehörten die Familien Möller (auf dem Catharinen Kirchhof), Schröder, Tecklenburg und Feil†) zum näheren Freundeskreise, während ein jung verheirathetes elegantes Ehepaar, Ahnesorgen mit Namen, nur in der ersten Zeit einige Male genannt wird.

1783, Jan. 19. „Ich sprach Madame Ahnesorgen, die eben aus der Kutsche stieg, seit ihrer Hochzeit zum ersten Male, aber nur so lange, um ein Compliment des Gedichts wegen zu hören."
— Febr. 20. „Wie ich um 5 Uhr nach Hause kam, fand ich Ahnesorgen's Wagen mit 2 Laquaien vor der Thür und fand Herrn und Madame A. im größten Staate da; kurze Unterredung und um 5¼ fuhren sie wieder weg auf einen großen Ball im Eimbeck'schen Hause."

Auch im größeren Kreise und mit Damen wurde regelmäßig Karten gespielt, außer den bereits genannten Spielen: Dreikart, Marriage, Trisett,

---

*) Schwabe, J. G., geb. 1735, Diaconus an St. Catharinen 1767, † 1808.
**) Lichtenstein, A. A. H., geb. 1753, wurde 1777 Conrector am Johanneum, 1782 Rector und Professor Gymnasii, 1796 auch Bibliothekar, ging 1798 nach Helmstädt, † 1816.
***) Schütze, Gottfr., geb. 1719, Professor der Geschichte am acad. Gymnasium 1762, erster Bibliothekar 1778, † 1784.
†) Die vielgenannten Feils rect. Feills waren Matthias Feill, Kaufmann in der kl. Bäckerstraße wohnhaft, welcher 1780 seine dritte Frau geheirathet hatte, und seine Söhne Georg Heinrich, geb. 1761 und Johann Simon Feill, geb. 1767.

Lotterie u. A. Als an einem Ostermontage Dr. Schütze nebst Familie und Herr Möller mit Tochter zum Besuche kamen und die beiden Herrn mit dem Vater die übliche Partie machten, heißt es im Tagebuche:

„Ich spielte in der Vorstube mit den jungen Schützen und Mslle. Möllern Whist und war sehr vergnügt."

Daß die Jugend aber doch nicht immer darauf versessen war Karten zu spielen, zeigt folgende Notiz:

1783, Aug. 10. „Abends kamen Herr Möller mit Sohn und Tochter und Madame Colbitz. Ich spielte ihnen drei Stunden was vor, während die Alten Karten spielten."

Verwandte, mit welchen verkehrt werden konnte, gab es begreiflicher Weise nicht viele, da beide Ehegatten nicht aus Hamburg gebürtig waren. Sowohl der bereits erwähnte Onkel Mönckeberg (der ältere Johann Georg) als ein Onkel Leisner kamen aus Altona bisweilen zum Besuch. Den letzteren besucht der Verfasser des Tagebuches einige Male in seinem Hause, trinkt und raucht mit ihm und besieht in seiner Begleitung „ein musikalisches Instrument, das 500 Thaler kosten sollte." Von Altonaer Verwandten werden gelegentlich noch ein Onkel Stuhlmann und eine Tante Eichler erwähnt, mit denen aber ein näherer Verkehr nicht bestanden zu haben scheint. Im Herbst 1784 wird eine Dame erwähnt, über deren verwandtschaftliches Verhältniß zur Mönckeberg'schen Familie nichts Näheres bekannt ist und auch bei dem Verfasser des Tagebuches einige Unklarheit obgewaltet zu haben scheint, deren Persönlichkeit aber offenbar einen lebhaften Eindruck auf den letzteren machte.

1784, Oct. 4. „Morgens 11½ machte meiner Cousine der Professorin Fabricius im Adler meine Cour."

— Oct. 17. „Meine Nichte, die Professorin Fabricius aus Kiel, kam um 2 und blieb bis 10, da ich sie zu Hause brachte. Eine der angenehmsten Unterhaltungen meines Lebens, so spirituell und belesen. Wir spielten auch Whist. Ihre kleine Tochter schön wie ein Engel und am Verstande ihr gleich."

Offenbar um dem begeisterten jungen Vetter eine besondere Freude zu bereiten, wurde die Professorin bald darauf zu seinem Geburtstage eingeladen; sie ließ aber „dicker Backen wegen" absagen.

Auch in anderen Fällen scheinen die Wünsche des Sohnes bei den Einladungen speciell berücksichtigt worden zu sein. Zu einer Zeit als derselbe für die jüngere Demoiselle Koopmann schwärmte, heißt es im Tagebuche:

1784, Apr. 18. „Voller Freude, weil die K. auf morgen zugesagt hatte."

— Apr. 19. „Zu Hause, wo — mit verschiedenen anderen Gästen — die göttliche Mlle. K. war. Ich unterhielt mich mit ihr auf die entzückendste und auf allerlei Art. Ewig sei mir dieser Abend heilig. Um 11¼ brachte ich sie mit Simon (Feil) und Fritz nach Hause. Ich tanzte Menuet mit ihr, saß im Whist bei ihr ein."

Trotz der Krankheit des Vaters fehlte es demnach nicht an heiterer Geselligkeit im Hause. Besonders festlich wurden die Geburtstage begangen.

1784, Apr. 4. „Meines Vaters 49ster Geburtstag. Möller mit Tochter, Feil und Frau, Teckelnburg und Frau bei uns. Alles war außerordentlich vergnügt. Den Mannsleuten sprützte der Champagner sehr in den Kopf, sonderlich dem alten Möller Um 12¼ auseinander."

1783, Nov. 7. „Mein Geburtstag ward mit 25 Austern gefeiert."

Dagegen findet sich im Tagebuche keine Spur von einer Weihnachtabend-Feier. Im Jahre 1783 heißt es nur: „war einige Mal im Dohm. 5 Thaler Weihnacht", und im folgenden Jahre erwähnt der

Verfasser nur, daß er von 4½ bis 6½ bei dem Antiquar Parey*) gewesen sei.

Daß die befreundeten Familien die Einladungen erwiederten, versteht sich von selbst. Bald wird die Mutter allein gebeten, bald mit einzelnen, bald mit allen Kindern.

1783, Jan. 19. „Den Abend waren wir bei Möller's zu Gaste, meine Mutter, Schwestern und ich. Ich lernte daselbst ihre Nichte Mlle. Mittag kennen, ein reizendes gefälliges Mädchen, ich trank ihr eine mäßige Gesundheit zu, weil sie keinen Wein trank. Wir waren alle sehr vergnügt."

— April 1. „Um 6½ ging nach Abrede nach Schütze, aß da was und ging nun 10¼ wieder mit Miekchen weg, zwei Mädchen mit der Leuchte voran."

— Juni 15. „Abends Mama auf dem Fortificationshause bei Möller's ganz allein. Sie kam erst um 1 Uhr zu Hause."

— Sept. 2. „Wir waren bei Schütze zum Mittagessen invitirt. Um 1 Uhr fuhren Mama, Miekchen und ich hin, wo wir sehr groß bewirthet wurden. Frau Etatsräthin Schütz mit ihrer unverheiratheten Tochter (einem im Gesicht nicht guten sonst aber artigen Frauenzimmer), Dr. Gutfeld mit seiner Frau und Herr Bernichau der Jüngere machten unsere Gesellschaft aus. Wir brachten die ganze Zeit außer dem Essen im Garten zu und hatten vielen Spaß, sonderlich mit einem Kasten mit Putzwerk, den der Legationsrath Schütz in Paris seinen vier Nichten schickte und der durch's Loos mit vielem Ceremoniel vertheilt wurde. Um 7 Uhr fuhren wir weg."

— Dec. 15. „Abends um 7 Uhr nach Dr. Schütze zu Gast; Mama Mieken und Hannchen waren vorausgefahren. Dr. Schütze lag am Podagra krank zu Bette."

---

*) Parey, Paul Thomas, bekannter Bücher Antiquar, † 1835.

1784, Jan. 16. „Feil sen. war mit Mieken auf der Masquerade, Fritz auch." Diese Maskenfeste fanden im Theater statt. Am 4. Februar 1783 heißt es: „Versäumte den Rector wegen der Masquerade. Ich fuhr mit Feils nach dem ersten Rang. Mein Bruder und 2 Feils en masque, auch Herr und Madame Ahnejorge nebst ihrem Bruder. Kam um 3 Uhr zu Hause." Und am 28. Januar 1785 wird berichtet; „um 9 ½ mit Francisca (Schütze)*) und Burmester**) zur Masquerade. Don Quixote's Aufzug ward gegeben. Es war entsetzlich voll."
— Juni 28 „Um 4 nach Feil's Hof***). Ein sehr großes Tractament mit 2 Miethslaquaien."

1785, Feb. 20. „Um 5 mit Hannchen (der jüngeren Schwester, Mieken war krank) nach Feils, wo groß Galla war. Von 7 bis 10 ½ wurde getanzt. Ich dachte mit Wehmuth daran, daß ich sobald diesem gewöhnlichen Fastnacht-Feste nicht wieder beiwohnen sollte. Wegen der Braunschweiger Messe war es dies Mal so aufgeschoben."

Theater und Concerte werden nur selten erwähnt:

1783, Nov. 26. „Nach der Comoedie Claus Storzenbecker. Es war ungeheuer voll."

1784, März 3. „Um 5 nach der Comoedie, wo der Deserteur gespielt ward. Ich ging blos hin, weil die beiden Feils mit Mslle. Koopmann und Mslle. Brauer da waren. Sie saßen in der ersten Reihe im Parterre, ich mit Simon Feil hinter ihnen. Ich war bezaubert hiervon, konnte aber (beim Nachhause gehen) nicht den Arm der Ersteren fassen, weil Brauer mir zuvorkam."

---

*) Francisca Schütze, Tochter des Professors, geb. 1768, † 1792 unverheirathet.
**) Burmester. J. J., geb. 1765, Dr. med. 1791 in Göttingen, † 1801.
***) Der Feil'sche Garten, in welchem M. viele frohe Stunden verlebte, lag in Hamm an der Landstraße, vom Hammerbaum kommend an der linken Seite.

— Oct. 4. „Zur Comoedie, wo der Prinz Statthalter mit seiner
  Gemahlin, die Herzogin von Mecklenburg und Alles, was brillant
  heißt, war. Sie spielten die väterliche Rache und den schwarzen
  Mann. Um 10 ½ zu Hause."

1785, März 7. „Um 5 ½ mit Mama zu einem schönen Violin-
  concerte des Dr. Bilbers im Concertsaale, wo es sehr brillant
  war. Sehr viele Bekannte."

— März 20. „Nach Moritzens Concert, wo es nicht voll und sehr
  mittelmäßig an Musik war."

Aufführungen geistlicher Musik zu Weihnachten, Neujahr und zu
Ostern wurden regelmäßig besucht, so 1783, Mittwoch vor Ostern, im
Pesthof „der Tod Jesu" von Graun, am zweiten Weihnachtstage in der
Petri-Kirche das „in dulci jubilo", 1784 vor Ostern in der Spinnhaus-
kirche die „herrliche Bach'sche Passions-Cantate" (1785 „die Spinnhaus-
Musik von Bach" genannt), 1785 in Maria-Magdalenen-Kirche „den
letzten Theil vom seligen Erwägen."

Aus vielen Bemerkungen des Tagebuches ersieht man, wie ver-
hältnißmäßig klein Hamburg zu jener Zeit war. Das ganze städtische
Leben beschränkte sich auf die durch ihre Festungs-Wälle und die Abends
gesperrten Thore abgeschlossene innere Stadt. Die Wälle dienten neben
dem Jungfernstiege als hauptsächlicher Spaziergang für Vornehm und
Gering; insbesondere war aber der Jungfernstieg bei schönem Wetter so
stark besucht, daß der Verfasser des Tagebuches mit den stärksten Aus-
drücken das Gedränge schildert. Die Wallpromenade war schon damals
am belebtesten am Charfreitag und am Bußtag.

1783, Apr. 18 (Charfreitag). „Auf dem Wall eine erstaunliche Menge
  beiderlei Geschlechts und Standes, auch außerordentlich viele
  Kutschen."

Sept. 18 (Bußtag). „Ging nach dem Dom und hörte Professor Nölting*) predigen. Um 5 gingen wir beim Dammthor auf den Wall. Es war ganz schrecklich voll und glänzend von Vornehmen zu Fuß und im Wagen."

Aber trotz dieses starken Besuchs wird an beiden Tagen bemerkt, daß es früher noch weit voller gewesen sein solle.

Leichenbegängnisse übten eine große Anziehungskraft auf das Publicum aus:

1783, Feb. 22. „Hinterm breiten Giebel sahen wir viele Leute nach dem Kloster hinaufgehen; wir gingen auch, um die Domina**) im Sarge zu sehen: das kostete nur 2 Schilling."

– – Feb. 24. „Die Domina des Johannisklosters wurde begraben. Wir hatten keine Stunde beim Rector und Schulz ließ auch absagen, alles der Procession wegen."

— Mai 18. „Um 5 sah ich in der Kirche Madame Möllern, die am Montag gestorben war, begraben; ward dabei durch meine Schwester mit Mslle. Wolf, einem sehr artigen Mädchen, bekannt."

1784, Aug. 26. „Consul***) Doormann ward begraben in der Catharinenkirche. Mad. Gaedeke ließ mir meinen Musiktext abfordern. Herrliche Musik vom Thurm."

Aber auch bei anderen Gelegenheiten sammelten sich große Menschenmengen, wenn es etwas zu sehen gab, z. B. wenn der Herzog von Augustenburg bei Harmsen im Jungfernstieg auf einer großen Assemblee war,

---

* Nölting, J. H. B., geb. 1736, Prof. der Philosophie und Beredsamkeit am Gymnasium 1761, eifriger Vertheidiger des Schauspiels, daher von Goeze als „Kathederkomoediant" bezeichnet.

** Es war Jungfrau Anna Maria Rootnagel. Nach damaliger Sitte ward die Domina des St. Johannisklosters mit dem vollen Ehrenpomp eines Bürgermeister Begräbnisses bestattet.

*** d. h. Bürgermeister D., gestorben am 22. August 1784.

wenn außerm Steinthor ein großes Feuerwerk gegeben wurde, das vom Wall beim Holzdamm aus ziemlich gut zu sehen war, wenn „die Kriegscommissairs mit Feuerwerk und doppelter Musik ihre Ausfahrt hatten" (1783, Juli 7); wenn das Bürgercapitains-Convivium seinen Anfang nahm, bei welcher festlichen Gelegenheit es „um 2 bei dem Eimbeck'schen Hause so voll war, daß man nicht durchkommen konnte", oder wenn „ein groß Feuerwerk der Constabler bei Chapeaurougens Garten war, der auch illuminirt war" (1784, Juli 18). Das Waisengrün übte ebenfalls große Anziehungskraft aus: „um 6 mit Mieken hinaus — heißt es im Tagebuche — um Welt zu sehen. Wir sahen sie in entsetzlicher Menge und auf das Glänzendste, auch sehr viele Bekannte." Von anderen beliebten Vergnügungen jener Zeit nennt das Tagebuch: „Vauxhall", Lustparthien auf der Alster („in Schuiten"), den Einzug des Schützenkönigs durch das Steinthor („wenig Vornehmes"), insbesondere aber das Aufsteigen von Luftballons — damals bekanntlich ein ganz neues Unternehmen.

 1784, Feb. 8. „In Wandsbeck flog mit unglücklichem Erfolg ein Luftball auf."

 — Feb. 29. „Es flog eine Luftmaschine mit gutem Erfolg auf dem Baumhause auf."

 — Sept. 30. „Beim Holzdamm auf dem Wall auf die Brustwehr, um Meyerhof's großen Luftball steigen zu sehen. Wir standen bis 5 Uhr im Regen und es kam nichts. Ganz Hamburg war auf den Füßen. Bewundernswerthe Passage am Steinthor."

 — Nov. 11. „Sahen Luftmaschine in Gestalt eines Fisches auf'm Borgesch aufsteigen. Alles, was beau monde heißt, war da."

Aber auch ganz andere Schaustellungen zogen das Publicum an:

 1783, Apr. 12. „Sah ein Mädchen, das den Morgen einen Staupbesen gekriegt hatte, nach dem Spinnhaus bringen."

— Juni 1. „Morgens um 8 Uhr ging nach der Frohnerei, um die Ceremonien des Abendmahls eines Delinquenten anzusehen. Ich kam um 8 ¾ noch hinein. Pastor Waechter*) sollte ihn hinausbringen; er war mit seiner Tochter, einem herrlichen Mädchen und der ältesten Wille. Schütz da."

— Juni 2. „Ich ging, um viele Leute zu sehen, nach der Steinstraße, wo es wegen der Execution schrecklich voll war."

1784, Juli 11. „Nach dem Berge, um zwei verurtheilte Missethäterinnen communiciren zu sehen. Der Pastor hatte aber befohlen niemand einzulassen."

— Oct. 16. „Sah den Staupenschlag eines Holländers."

Endlich wird auch eine Feuersbrunst als Sehenswürdigkeit erwähnt.

— Sept. 19. „Feuer auf dem Treckwall, das fürchterlich überhand nahm. Wir gingen allenthalben herum, um es zu sehen. Zuletzt kamen wir durch v. Hagen nach Sal. Roosen's Haus und sahen bis 7 zu. 5 große Speicher brannten ab."

Ungleich reichhaltiger als diese Notizen über das Leben in der Stadt und im Familienkreise sind begreiflicher Weise die Angaben des Tagebuchs über die persönlichen Erlebnisse des Verfassers. Erscheint schon das städtische und gesellschaftliche Leben, wie es sich in dem Tagebuche darstellt, heute in vielen Beziehungen seltsam und fremd, so tritt dieser Unterschied noch viel greller hervor, wenn man das Leben, welches der 16—18jährige Johann Georg Mönckeberg vor 100 Jahren führte, mit den Verhältnissen eines gleichaltrigen Gymnasiasten der jetzigen Zeit vergleicht. Das Johanneum war zu der Zeit, auf welche sich die Eintragungen des Tagebuches beziehen, tief gesunken. Der erst im Jahre 1782 zum Rector erwählte Lichtenstein, welchen wir als Hausfreund des Mönckeberg'schen Hauses kennen gelernt haben, war gänzlich außer

---

*) Wächter, J. L., geb. 1732, Diaconus zu St. Michaelis 1776, † 1798.

Stande, Ordnung in die Schulverhältnisse zu bringen — eine Aufgabe, deren Lösung erst seinem Nachfolger Gurlitt gelingen sollte. Bevor Lichtenstein das Rectorat übertragen wurde, erließ die Behörde am 27. Sept. 1782 eine neue Schulordnung, durch welche die bisher getheilte Prima vereinigt wurde und die Vorrechte des ersten Coetus — insbesondere das Recht einen Degen zu tragen — aufgehoben wurden. Dies war die Veranlassung, daß mehrere Primaner, u. A. auch Mönckeberg, im Herbst 1782 — M. war gerade 16 Jahre alt — die Schule verließen und auf das academische Gymnasium übergingen. Das vom 11. November 1782 datirte, in lateinischer Sprache verfaßte Testimonium, mit welchem M. vom Rector Lichtenstein unter überschwenglichen Lobsprüchen aus der Schule entlassen wurde, bezeichnet ihn als einen adolescens ardentissimo litterarum studio vere atque unice flagrans. Die academischen Gymnasiasten genossen studentische Freiheiten. Sie hörten nur diejenigen Vorlesungen, welche sie sich aussuchten, und trugen kein Bedenken häufig einzelne Stunden zu versäumen. Im Tagebuche lesen wir:

1784, Jan. 21. „von 8—9 bei Nölting; von hier ging ich mit Evers*) zu Hause, um unsere gewöhnlichen Leseübungen fortzusetzen; da aber keiner weiter kam, so amüsirten wir uns am Clavier, bis wir nach Dr. Schütz gingen und von 10½—12 da blieben."

Die Stunden folgten nicht unmittelbar auf einander:

— Jan. 27. „Von 10—11 bei Pitiscus**), 1—2 bei Giesele, 3—4 beim Rector, 5—6 bei Schütz."

Bei dieser Einrichtung ist es erklärlich, daß einzelne Stunden aus den verschiedensten Gründen versäumt wurden, zumal einige Professoren

---

*) N. J. G. Evers, geb. 1766, studirte Theologie und wurde 1793 Diaconus zu St. Jacobi, † 1837.

**) Pitiscus, M. F., geb. 1722, wurde Professor am Gymnasium und zweiter Bibliothekar 1778, erster 1784. Giesele, P. D., geb. 1745, Med. Dr. und Professor der Physik, zweiter Bibliothekar 1784, erster 1793.

die Stunden in ihren Häusern ertheilten. Die ersten Morgenstunden mußten nicht selten versäumt werden, weil — der Friseur (auch Perruquier genannt) zu spät kam, welcher das Haar zu pudern und den Haarbeutel zierlich zu ordnen hatte. (Der Friseur war so unentbehrlich, daß, wenn derselbe — Palmgrün mit Namen *) — „seine Ausfahrt hatte und deshalb nicht frisierte", der Verfasser des Tagebuches den ganzen Tag nicht aus dem Hause gehen konnte!) Der Rector und Professor Gifeke wurden versäumt, als für Mad. Feil ein Hochzeitsgedicht angefertigt wurde (1783, Feb. 3), dieselben Stunden am nächsten Tage wegen der Masquerade und der Rector abermals am 5. Februar, „weil ich der Versuchung nicht widerstehen konnte, auf den Wall zu gehen." Eine Bücherauction ward stets als vollgültige Entschuldigung angesehen, um jede Stunde zu versäumen. Daß solche Versäumnisse aber nicht etwa eine bedeutliche Eigenthümlichkeit Möndeberg's waren, beweist die lakonische Bemerkung:

März 19. „Ich war allein Mittags beim Rector, hatte also keine Stunde. Nachmittags ging nicht nach dem Rector."

Bald darauf wird, kurz vor Ostern, über einen Vorgang berichtet, der als eine Art Examen anzusehen sein wird: „Nachmittags um 3¼ Uhr nach Dr. Schütze, wir waren unserer 17; ich erndtete Lob ein. Vorm Sistiren nöthigte ich die Familie zum zweiten Feiertage." Vor Michaelis (1783, Sept. 23) wird dieselbe Procedur wiederum erwähnt: „Um 4 ging ich nach Pitiscus, wo ich zum letzten Male sistirt ward; es fiel ziemlich gut aus; um 5½ war es vorbei."

Die Gymnasial-Ferien scheinen vor hundert Jahren ziemlich ebenso lang gewesen zu sein, wie die heutigen Schulferien; bei Schulfeierlichkeiten im Altonaer Christianeo wurde in Hamburg der Unterricht ausgesetzt;

---

*) Derselbe P. frisierte M. auch später, als dieser von der Universität zurückgekehrt war. P., als Original bekannt, lebte noch um 1820.

dagegen wird besonders erwähnt, daß Prof. Büsch*) 1785 an beiden Fastnachttagen las. Am 2. Juli 1784 starb Professor Schütze, als Lehrer, wie als Hausfreund vielfach genannt, (Juli 4 „hörte Götzens Danksagung für Dr. Schütze"); am 13. September desselben Jahres wurde Ebeling**) zum Professor, Gisele zum Bibliothekar erwählt. (Nov. 2. „Morgens führten wir Prof. Ebeling ein. Ich fuhr mit Boutin***) hin").

Ueber den Inhalt der gehörten Vorlesungen sagt das Tagebuch fast nichts. Professor Nölting's Rhetorik und die Kirchengeschichte bei Schütze werden gelegentlich erwähnt. Als Beweis, mit welchem Eifer einzelnen Vorlesungen gefolgt wurde, existirt noch ein dicker Octavband, der „Grundriß einer Geschichte der merkwürdigsten Welthändel neuerer Zeit in einem erzählenden Vortrage von Joh. Georg Büsch, Prof. der Mathematik und Vorsteher einer Handlungs-Academie in Hamburg. 2. Auflage, Hamburg 1782", welcher — ganz mit Papier durchschossen — von Anfang bis zu Ende mit eng und zierlich geschriebenen, offenbar dem mündlichen Vortrage des Lehrers entnommenen Anmerkungen angefüllt ist. Der anregende, die practische Seite stark betonende Unterricht des Prof. Büsch zeigt sich in folgender Tagebuch-Notiz:

1784, 23. Sept. „Im Jungfernstieg mit Prof. Büsch und vielen Anderen. Wir wollten die Papiermühle besehen. Fuhren in einer Schuite ab, sahen, daß sie (die Mühle) nicht ging und

---

* Büsch, J. G., geb. 1728, seit 1756 Professor der Mathematik am acad. Gymnasium, gründete 1767 seine Handlungs-Academie, starb 1800. Am 7. März 1785 schrieb er in M.'s Stammbuch: „Es ist leichter, als man gewöhnlich glaubt, sich beliebt zu machen, wenn man nur gesunden Menschenverstand, ein gutes Herz hat und seinen Leidenschaften nicht mit Uebertreibung nachgibt. Der gar zu Kaltblütige wird es nie weiter bringen, als daß er nicht gehaßt werde."

**) geb. 1741, Bibliothekar 1806.

***) Boutin, J., geb. 1761, studierte erst Theologie, dann Medicin, 1789 Dr. med in Göttingen, † 1814 als Arzt in Hamburg.

lenkten nach St. Jürgen. Besahen dort bis 5½ die Uhr auf dem Thurm."

Im October 1783 meldete Mönckeberg sich bei dem bekannten hamburger Kaufmann und Patrioten Kirchhof, um an den physikalischen Uebungen theilzunehmen, welche sehr zahlreich besucht wurden. (Am 16. Juli 1784 bemerkt das Tagebuch: „Kirchhof ward Rathsherr.") Der Lehrer am Johanneo Dr. Schulz ging mit seinen Schülern „nach Flickenscheer um mathematische Versuche anzusehen." M.'s Vater scheint als Kaufmann das Rechnen auf practische Weise befördert zu haben: 1783, 18. April. „Kriegte 2 Mark von Papa für ein Exempel."

Englische Stunden, welche auf der Schule nicht ertheilt wurden, fanden zwei Mal wöchentlich im Hause statt. Die Schwestern nehmen an denselben theil. Außerdem wurde das Clavierspiel mit Eifer betrieben (der Lehrer hieß Tenthorn) und Tanzunterricht bei Böhmer genommen. Von Fechten und Reiten ist nicht die Rede. Das Baden in der Elbe oder Alster wird jedes Mal so besonders hervorgehoben, daß man merkt, daß es noch etwas Neues, Ungewohntes war.

Eine sehr große Rolle spielt die Stadtbibliothek im Tagebuche. Offenbar hatte sich schon früh in dem jungen Mönckeberg die Liebhaberei für Bücher entwickelt, welche ihm Zeitlebens eigen geblieben und ihn zu einem renommirten Bücher-Sammler und Kenner gemacht hat. Unzählige Male bemerkt das Tagebuch: „Nachmittags auf der Bibliothek." Häufig wurde dieselbe von Fremden besucht. Bisweilen machte man dort angenehme Bekanntschaften, sogar mit Damen („auf der Bibliothek, wo eine Mlle. Schlüter ein artiges, melancholisches Mädchen war"). Mit Bekannten wurden gemeinschaftliche Besuche der Bibliothek verabredet; nicht selten wurde daselbst auch Schach gespielt.

Die Bibliothekare Schütze und Pitiscus förderten die Studien des jungen Gymnasiasten auf jede Weise; derselbe arbeitete bisweilen bei Pitiscus auf dessen Zimmer und unter seiner speciellen

Anweisung. Das lebhafte Interesse für Bücher fand aber nicht nur auf der Stadtbibliothek, sondern in hohem Grade auch bei den Besuchen der häufig stattfindenden Bücherauctionen Nahrung. Es war damals allgemein Sitte, daß die von Privatleuten nachgelassenen Büchersammlungen, wenn sie nicht der Familie erhalten blieben, in Auction verkauft wurden. Das Tagebuch erwähnt solcher Auctionen in großer Zahl, meist von bekannten Hamburger Namen, wie von Klefeker, Schuback, Jänisch u. A., sodann den im Dom stattfindenden Verkauf der Capitular-Bibliothek (22/10, 1784 ff). Häufig fanden die Auctionen auf dem Eimbeck'schen Hause statt; in der Regel währten sie mehrere Tage hindurch. Ueber gemachte Einkäufe finden sich im Tagebuche nur selten Bemerkungen. (1783, März 12, „kaufte Forster Beiträge zur Kenntniß von Großbritannien für 6 Schilling contant"). Desto öfter erscheint der Name des bekannten Antiquars Parey, bei welchem viele Nachmittage verlebt werden. (1784, Dec. 31, „suchte von 10 — 1 Uhr beim Herrengraben für Parey Bücher aus. Machte einen herrlichen Kauf.")

Von Privatbibliotheken werden diejenigen des Professor Ebeling und eines Schusters Duncker erwähnt. Aber nicht auf Büchersammlungen allein blieb das Interesse beschränkt:

1783, März 13. „Kriegte Billet vom jungen Schwabe, mit Ersuchen sein Gemäldekabinet zu besehen, weil es die Woche sollte nach Holland verschickt werden. Ich versäumte darüber den Rector und Gisefe."

Politische Ereignisse werden im Tagebuche nicht erwähnt. Die einzigen offenbar den Zeitungen entnommenen Notizen beziehen sich auf das Erdbeben, welches 1783, im Februar, Messina zerstörte und auf eigenthümliche Witterungserscheinungen im Juli desselben Jahres. Von städtischen Angelegenheiten werden nur einige Rathswahlen und eine Besichtigung des damals neuerbauten Waisenhauses erwähnt.

Dagegen wird der kirchlichen Gottesdienste regelmäßig Erwähnung gethan und zwar in einer Art, welche zeigt, daß die kirchliche Sitte und Ordnung als etwas Selbstverständliches beobachtet wurde, aber freilich in ziemlich äußerlicher Weise. Wenn nicht auch Sonntags einmal der unentbehrliche Friseur einen Strich durch die Rechnung machte, wurde in der Regel die Predigt des bekannten Hauptpastors Goeze*) zu St. Catharinen besucht, bisweilen aber auch Mittags oder Nachmittags in derselben Kirche eine Predigt von Schwabe oder Eberwein**) gehört. Nur selten wurden andere Predigten besucht, z. B. von Pauli in der deutsch-reformirten Kirche („ein herrlicher Mann"), Soguier in der französisch-reformirten („wenig Leute, aber fast lauter Vornehme"), Sturm in St. Petri („eine schöne Predigt"). Die Wahlpredigten von Tönnies in St Michaelis, am 6. März 1785 Nachmittags („wir saßen in einer Loge bei dem sehr artigen Dem. Eimbcke") und von Schäffer***) in St. Nicolai, am 25. März desselben Jahres („mit unbändigem Zulauf von Großen") werden speciell angeführt.

Ostern 1783 erfolgte durch P. Schwabe die Confirmation, ohne daß von einem vorausgegangenen Confirmanden-Unterricht die Rede ist.

— April 9. „Um 10 Uhr ging nach Schwabe und erneuerte daselbst meinen Taufbund mit Gott und ward in Gottes Namen um 1½ Uhr confirmirt."

— Apr. 12. „Um 9 Uhr ging mit Fritz zur Beichte (die Eltern communicirten im Hause, der Krankheit des Vaters wegen) die ich mit vieler Rührung verrichtete; ich war mit ihm von 10¼ bis 10½ im Beichtstuhl."

---

*) Goeze, J. M., geb. 1717, Hauptpastor zu St. Catharinen 1755, Senior von 1760 — 1770, † 1786.

** Eberwein wurde Diaconus an St. Catharinen 1772, † 1788.

***) Schäffer wurde am 24. April zum Diaconus und 1801 zum Hauptpastor an St. Nicolai erwählt, † 1819.

— Apr. 13. „Ich ging zum ersten Mal zur Communion, dabei ich mich der Thränen nicht enthalten konnte. Nachm. in die Predigt bei Schwabe."

Die jungen Theologen pflegten damals schon als Gymnasiasten in den Kirchen des Landgebietes zu predigen.

1783, März 25. „Gingen nach Hamm hinaus, um Waechter*) predigen zu hören, der seine Sache vortrefflich machte." (Von demselben Waechter heißt es bald nachher: „mit W. auf dem Wall, auf welchem Wege wir die rührendsten Unterredungen in Ansehung der Schönheit der Natur hatten und ich ihn noch einmal so lieb gewann, er gab mir sein Stammbuch"). Im Laufe des Jahres wurden noch verschiedene Erstlingspredigten von Freunden gehört, so von Schnuck und Cropp in Billwärder, von Engehausen in Hamm.

Daß der regelmäßige Kirchenbesuch aber auch bisweilen zu weltlichen Zwecken benutzt wurde, zeigen Bemerkungen, wie: „nach der Spinnhauskirche, um Passage zu sehen" oder „die Koopmann communicirte, ich sah sie aber trotz meines Wartens nicht" oder „sah die Spinnhaus-Passage, weil Mlle. Hasch mir sagte, sie ginge immer dahin."

Nur selten gewährt das, in der Regel nur Thatsachen kurz verzeichnende Tagebuch einen directen Einblick in die Stimmungen und Empfindungen des Verfassers:

1783, Nov. 10. „Zu Hause; arbeitete nichts, war auch sehr mißvergnügt, weil es mir nicht nach meinem Kopf ging." (Von dieser Verstimmung befreite der Verfasser sich, wie es scheint,

---

* G. F. L. L. Wächter, geb. 1762, studirte Theologie, wurde 1786 Mich. Candidat, war später Lehrer, bekannt als Dichter und Schriftsteller unter dem Namen Veit Weber. † 1837.

** J. N. Schnuck, geb. 1766, wurde 1788 Candidat, 1813 Pastor zu St. Georg; J. N. Cropp, rect. Crop, geb. 1761 wurde ebenfalls 1788 Candidat und später Pastor in Otterndorf, † 1812; J. C. F. Engehausen wurde 1787 Candidat, 1803 Katechet am Krankenhause.

auf poetischem Wege. Es heißt am folgenden Tage: „Nach=
mittags verfertigte ich ein Gedicht.")

1785, Febr. 11. „Ich war den ganzen Tag auf eine sanfte Art
melancholisch, weil Morgens der junge Dr. Bolt*) und Nachm.
die zweite Tochter von Joh. Schuback, alt 17 Jahr, begraben
wurde. Ein sanftes Mädchen, der Trost ihrer Eltern: ihr
Schlummer sei sanft. Ich ging um 4 Uhr und sah schwer=
muthsvoll im Cremon und auch in der Kirche die Leiche. Ihr
tiefgebeugter Vater folgte. Die Kirche war erstaunend voll."

Einen großen Theil des Tagebuches füllen die Berichte über
gesellige Freuden aller Art, aus deren Erzählung heiterer Lebensgenuß
und jugendliche Schwärmerei für die zeitweilig das Herz beherrschende
junge Dame hervorgehen. Es war ein ziemlich großer Kreis gleichaltriger
Freunde, welcher damals die Schule und das academische Gymnasium
besuchte. Fast täglich wurden Spaziergänge mit Einem oder Mehreren
gemacht oder Einer oder der Andere in seinem Hause besucht. Der
gewöhnliche Spaziergang ging über den Wall, bei St. Annen-Kirchhof
hinauf und beim Holzdamm oder Dammthor wieder hinab, dann durch
den Jungfernstieg nach Hause. Weitere Spaziergänge führten nach
„Slavenhof", einer hinter Altona belegenen Wirthschaft, zum Dammthor
hinaus nach der alten oder neuen Rabe oder nach „Mutter Gramsch",
nach dem Dickmilchskrug, nach Harvestehude oder nach der Eppendorfer
Mühle; im Winter gings beim Grasbrook auf die Elbe und übers Eis
nach dem Hamburger Berge, wo bei Schmidt Eierbier getrunken wurde.

1783, Jan. 20. „Das schöne Wetter lud uns ein etwas auszugehen.
Wir gingen nach der alten Rabe, tranken eine Bouteille Eierbier,
aßen Butterbrod und gingen weiter herum in die mit Eis be=

---

*) med. Bolten, Joach. Friedr., Sohn des gleichnamigen Physicus, geb. 1758,
Dr. med. 1781, † 1785, 8. Februar.

deckten Gegenden, probirten tollkühn jeden Graben, brachen auch einige Mal, zum Glück in hohlem Eise, ein. Gegen 3 Uhr versammelten wir uns im Jungfernstiege zu einer zweiten Wallfahrt, gingen in die Gegend beim Durchschnitt, machten viele Glitschen, warfen uns in Parthien mit Schneeballen und kehrten wieder heim. Ein vergnügt, aber ziemlich unnütz verlebter Tag."

— Jan. 29. „Ich ging um 9 nach Slavenhof*), fand da Viele auf Abrede; ich spielte auf dem Fortepiano. Wir lebten sehr lustig und vergnügt; nach Tische machten wir den Landesvater und besuchten Klopstock's Grab**). Beim Thorverschluß gingen wir herein."

— Aug. 19. „Nach dem Dickmilchskrug***), aßen dort Dickmilch, von dort nach Herbstehude; hier diesen himmlischen Ort durchstreift, kriegten aber im Grase nasse Strümpfe."

Außer den bereits genannten Getränken wurde „Snaps" (in der Schiffergesellschaft oder auf dem Baumhause), Kaffe, Thee, Mallaga, Punsch, nur selten Bier getrunken. Gespielt wurde, auch wenn die jungen Leute unter sich waren, fast immer: entweder Karten, oder Billard, oder Schach. Auch der „Toback" wird selten gefehlt haben.

Daß auch gelegentlich kleine Näschereien nicht verachtet wurden, beweisen folgende Notizen: „nahm in einer Apotheke beim Dovenfleth

---

*) „Slavenhof", ein zu Ende der Altonaischen Elbstraße, hart an der Elbe sehr schön gelegenes Wirthshaus, existirte noch bis etwa 1825. Der Name kommt von Schlaaf's Hof; es war früher Besitzthum einer hamburgischen Familie Schlaaf.

**) Klopstock hatte seiner ersten Frau, Meta, geb. Moller, † 1754, im Jahre 1759 das Denkmal unter der Linde auf dem Kirchhofe zu Ottensen errichtet, neben welchem er selbst im Jahre 1803 beerdigt wurde.

***) Der „Dickmilchskrug" war ein lange Zeit stark besuchtes Wirthshaus vor dem Dammthor, etwa da, wo jetzt die Heimhuderstraße beginnt, belegen. Herbstehude, richtige Verhochdeutschung des aus Herwardshude corrumpirten Namens Harvestehude.

etwas Liqueur", „aß bei M. auf dem Neuenwall ein Paar Torten", „waren bei dem Confectbäcker Wilm." Als wichtigere Ereignisse des geselligen Lebens werden im Winter Bälle und jugendliche Herrengesellschaften, im Sommer Landpartieen ausgeführt.

1783, Feb. 23. „Bei Lutterloh *) war ich zum Abendessen genöthigt; ich spielte Quadrille und verlor 6 Mark 3 Schilling. Wir waren sehr vergnügt; um 11¾ fuhr ich mit Schubad*), Baetcke, Luis und Syllm und brachte sie alle nach Hause."

— März 6. „Nach Seidel. Wir waren unserer 8. Zuerst spielten wir auf das Fortepiano, dann L'hombre, gewann 8 Mark 8 Schilling. Nach Tisch amüsirte uns Waechter, der sich drei Mal in Masquen-Habit umkleidete. Um 5 fuhren wir allesammt herein; R. war außerordentlich betrunken, führte sich häßlich auf, blieb die Zeche schuldig; wir stiegen beim Rödingsmarkt aus und brachten ihn nach Hause."

— April 6. „Um 5 nach Luis zu dessen Abschiedsschmaus. Ich spielte L'hombre, ärgerte mich über ihr schlechtes Spiel. Nach Tisch machten wir einen Landesvater, darnach gingen wir an den vingt-un Tisch. Um 2¾ kam ich nach Hause."

Von besonderem Interesse ist die in den nachfolgenden Tagebuchblättern geschilderte Episode:

1783, Oct. 4. „Zum Ball auf Feils Garten. Die Gesellschaft bestand aus neun Paaren, u. A. 2 Msles. Koopmann, die dicht an Robatz wohnen auf der holländischen Reihe, das zweite

---

*) Lutterloh, J. D., geb. 1765, studirte in Leipzig, promovirt daselbst 1789, starb als Advocat 1801.

**) Schubad, Arnold, geb. Nov. 1762, studirte seit 1781 in Göttingen Theologie, lebte als Schriftsteller und Hamburgensienkenner in Hamburg, † 1826; Baetcke, J. D., geb. 1765, J. U. Dr. 1789 in Leipzig, heirathete 1791 Francisca Graevel, Mönckeberg's Schwägerin, † 1835; Luis, geb. 1763, J. U. Dr. 1787 in Göttingen, † 1813.

Haus vom Kaltehof her. Wir kamen um 5½ hinaus; die Musikanten waren noch nicht da; wir gingen ihnen entgegen, sie kamen aber garnicht. Der Ball ward bis morgen aufgeschoben. Es ward ein artiges Feuerwerk abgebrannt, dann gingen wir in der illuminirten Allee spazieren, tanzten dort „Großvater". Nachher vertrieben wir uns anmuthig die Zeit bis 11½, da wir zu Bett gingen."

— October 5, Sonntag. „Wir Chapeaus standen um 5½ auf und gingen nach Jehnke, tranken dort Kaffe und Thee, spielten Kegel; um 7 zu Hause; tranken dort wieder und gingen darauf mit den Damen spazieren um den sog. Wald herum und auf der anderen Seite zurück bei Dancker's Garten. Nun fuhren wir in zwei Wagen aus; ich engagirte die zweite Koopmann als Gesellschafter; wir fuhren durch Wandsbeck, Jüthorn, wo wir ausstiegen und etwas im Garten spazieren gingen, ich mit der zweiten Koopmann, die mich erstaunend frappirte und für die ich die ganze Zeit lebte. Darauf durch Mundsburg, Barmbeck zurück. Wir suchten uns immer vorbeizujagen und der andere Wagen wäre beinahe darüber ohnweit Luis' Hof*) umgefallen. Wir kamen zu Hause; ich ließ mich von Möller, der hinauskam, frisiren und nun ging es zu Tische. Von 4—5 spielten wir Chapeaus in 2 Parthien besten Bauern. Allmählig versammelte es sich im Lusthause und um 8 ging es an ein Tanzen bis 3½. Ich that nichts fast, als der zweiten Koopmann mit kaltem Punsch, Thee und Hirschhorn aufwarten; ich war bis zur Seligkeit entzückt; solcher Tage viel wünsche ich nicht, sie würden mich unfähig zu Allem machen. Gewiß waren dies mit die besten Tage meines bisherigen Lebens."

*) Der Garten des Bürgermeister Luis lag beim Hammerbaum an der Marschseite.

— October 6. „Wir standen um 6½ auf, tranken und fuhren um 8 hinein; ich hatte nicht einmal die Wollust, den beiden Koopmann Adieu zu sagen, weil sie noch schliefen (weil sie bis zum Abend draußen blieben). Ich ging um 3¼ zum Steinthor hinaus bis an Feil's Garten, um meiner Geliebten näher zu sein. Ich merkte mir ihren Wagen, erwartete ihn in der Steinstraße, um ein Compliment zu kriegen, kriegte es erst an der Ecke der Bäckerstraße; ich begleitete sie im stärksten Regen, um genau ihr Haus zu wissen. So ist denn das himmlische Vergnügen zu Ende."

In den nächsten Monaten sahen sich die jungen Leute nicht wieder; bei einer Ausfahrt im Schlitten nach Feill's Garten (Januar 6) wurde der seligen Stunden gedacht, welche dort verlebt waren. Endlich am 22. Januar wurde mit den jungen Feills ein Besuch bei Koopmanns gemacht. („Nun sprach ich den Engel"). Im April thaten dann die Eltern dem verliebten Sohne den Gefallen, die beiden Koopmanns einzuladen und am 22. April waren letztere wieder bei Feills zu Gast:

„Erst sprach ich lange mit ihr, spielte ihr etwas vor, tanzte Menuet mit ihr, sagte ihr zu im vingt-un. Bei Tische saß ich ihr zur Seite, verabredete Promenade mit ihr auf Sonntag über 8 Tage. Dieser Abend bleibt mir gewiß unvergeßlich."

1784, Mai 2. „Abrede gemäß holten wir Dem. K. zur Promenade ab. Um 6 gingen wir, ich mit der jüngeren im Arm, beim Brookthor auf den Wall und beim Theerhof wieder ab, da es regnete. Nachher allgemein vingt-un. Dieser Abend übertrifft doch noch alle bei Weitem, lauter Seligkeit."

Einige Tage darauf wurde die Wallpromenade wiederholt (in Begleitung von Schwester Mieken); man ging nach der neuen Rabe, kaufte Blumen; im Tagebuche heißt es zum Schlusse: „Welche Wonne;

durchströmte an diesem Nachmittage mein Herz, doch! — absit Enthusiasterei, der Abend wird mir unvergeßlich bleiben."

Am 6. Juni wurde wieder ein Sonntag mit den beiden Koormanns bei Feills auf dem Garten verlebt, die Hammer Kirche besucht, Krullkuchen gegessen und nach Tische nach dem Bauernhause beim Lübschenbaum gegangen, wo es „Schaafsmilch und Toback" gab und die Menge und Zuthunlichkeit der Schaafe die Besucher sehr amüsirte.

Als bald darauf die beiden jungen Mädchen wieder einmal im Mönckeberg'schen Hause zu Gast gewesen waren, heißt es im Tagebuche: „die Hauptitze ist verraucht. Ist aber doch ein herrliches Ding". Kurz vorher findet sich die Bemerkung, daß M. an einem Spaziergange nicht theilgenommen habe „um nicht noch mehr Verdacht ernsthafterer Absicht auf Verplämpern zu geben, der in meinem Hause stark gegen mich gehegt wurde."

Daß diese jugendliche Schwärmerei aber auch zur Zeit ihrer höchsten Gluth keineswegs unempfänglich machte gegen sonstige gesellige Freuden, beweisen die Tagebuch-Notizen über eine Tanzgesellschaft bei „Madame Meyern in der Düsternstraße", welche im Winter 1783/84 regelmäßig stattfand, wahrscheinlich um die Theilnehmer in der Tanzkunst zu üben. Jedes Mal bemerkt das Tagebuch, wie vergnügt man in dieser Gesellschaft gewesen sei und nach der letzten Zusammenkunft heißt es: „Wir waren vergnügter wie je, wahrscheinlich weil Schmerz über die Trennung Jedem diesen Abend wichtiger machte. Ich tanzte mit Dem. Dieckmann zu allerletzt einen Tanz von 12 Touren, von Feil sen. aufgeführt, sehr naiv und zärtlich. Es ging mir sehr nah, daß Alles auseinanderging." Dann folgen Bemerkungen über das Tanzen der einzelnen jungen Damen, unter denen an bekannteren Namen Parish, Waechter, Tegtmeier u. A. genannt werden.

Noch kurz vor Mönckeberg's Abreise zur Universität, am ersten Ostertage 1785, machte eine neue Ballbekanntschaft einen tiefen Eindruck auf ihn.

— März 27. „Um 5 Uhr nach Lt. Renzel*) auf einen Ball. Von 6-10 getanzt, bis 12 gegessen. Mslle. Hasch**) bezauberte mich ganz mit ihrer Anmuth. Sie ist Boutin's Nichte, ein kleiner Trost für mich. Dieser Abend — o! hätte ich deren viele, doch sie sind zu gut für mich."

Im Sommer wurden einige Male größere Landpartieen unternommen, stets zu Wagen.

1783, Juli 29. „Um 9½ bei der Mühle am Steinthor. Fuhren nach Vögler in Billwärder a. d. Bille. Spazierten herum, aber wenig, wegen der fürchterlichen Hitze, spielten Karten, bis ein Gewitter aufstieg und es kühler wurde. Gingen nach Allermöhe zu Fuß, kamen um 9½ wieder. Eine der angenehmsten, fast die angenehmste Tour, die wir machten. Wir konnten wegen Fliegen, Hitze und Koopsens***) Begierde zum Spaß nicht schlafen auf Streu; wir gingen also, Boutin und ich, nach einem Nebenzimmer und schliefen dort in einem Bett."

Den 30. Juli. „Morgens spielten wir Kegel. Um 11 nach der Moorflether Kirche, wo Kinder-Examen war in Gegenwart der Landherren (auch Mslle. Westphalen u. A. war da). Um 6 fuhren wir den oberen Landweg nach Mutter Anna, tranken Thee und fuhren den mittleren, weit schöneren, Landweg wieder zurück. Wir saßen vor der Thür, gingen etwas auf dem Deich."

Den 31. Juli. „Wir spazierten mit dem größten Vergnügen in den Kornfeldern umher, fuhren um 9 Uhr herein."

---

*) Lic. Renzel, geb. 1727, privatisirte in Hamburg, Vater des Pastor H. und des Senator Eduard Renzel.

**) Cath. Elisabeth Hasche, geb. 14. Jan. 1768, heirathete 1786 Wilhelm Bauls. Ihr Sohn war der spätere Syndicus Bauls, † 1832.

***) J. A. Koops studirte Theologie, wurde 1787 Candidat.

1784, Mai 23. „Hatte eine tour de promenade mit den beiden Feils verabredet. Setzten uns in zwei bestellte Cariollen, nahmen auf Feil's Garten einen Coffee, darauf nach Ahrensburg um 10 Minuten nach 7. Das Wetter war fast zu heiß und bei der Rückkehr schrecklicher Staub, den die außerordentliche Passage verursachte."

Im September 1784 nahm Mönckeberg von dem Feil'schen Garten, in welchem er so viele frohe Stunden verlebt hatte, „schwermüthig Abschied, weil ich diese Gegend bald lange nicht mehr sehen sollte."

In den letzten Wochen vor der Abreise nach Göttingen fanden eine ganze Reihe von Abschiedsschmäusen statt, welche die zur Universität gehenden jungen Leute ihren Freunden gaben, so bei Sieveking*) Greve, Lutterloh („wir wurden aufs Unbändigste tractirt"), Boutin („wo eine Menge Philister waren").

1785, März 21. „Abends gab meinen Abschiedsschmaus, wo zwei Renzel*), Boutin, Schulz, Evers, Greve, Sieveking, Sillm, Zimmermann, Burmester, Feil, Lambo, Poppe, Lüders waren. Es wurde erst L'hombre, dann vingt-un gespielt."

Mit Ausnahme der drei letztgenannten trafen sich diese Freunde sämmtlich in Göttingen wieder; einige andere, im Tagebuche oft genannte Freunde waren bereits früher zur Universität abgegangen, z. B. Luis

---

*) J. P. Sieveking, geb. 1763, Syndicus 1792, Reichstagsgesandter, † 1806, jüngerer Bruder von G. H. Sieveking; P. Greve, geb. 1766, Advocat 1789, † 1798.

**) H. Renzel, geb. 1761, Candidat 1788, wurde Diaconus zu St. Jacobi 1795, † 1827; sein Bruder C. G. Renzel studirte Mathematik in Jena; H. P. Sillem, geb. 1763, J. U. Lic. 1790, Secretair der Bau-Deputation 1816, † 1824; Schulz rect. Schulze, F. C., geb. 1763, studirte Theologie, Candidat 1789, Diaconus zu St. Nicolai 1802, † 1814; Zimmermann, P. J. M., geb. 1761, studirte Medicin, wurde Physicus in Dannenberg, † 1804; Lambo, wahrscheinlich der Sohn und spätere Nachfolger des Organisten zu St. Nicolai, † 1803, 38 Jahre alt; Poppe, „ein sehr angenehmer Junge", bei welchem Evers als Hofmeister fungirte.

Ostern 1783, Schuback und Schunck Ostern 1784. Von Letzterem war auf dem Baumhause Abschied genommen, als er nach Giessen abreiste.

Schon am 26. Februar 1785 waren die Bücher ausgewählt, welche nach Göttingen mitgenommen werden sollten. Am 4. April wurden die Abschieds-Visiten gemacht.

„Madame Feil schenkte mir gerührt einen preußischen Dukaten zum Andenken; ich werde suchen ihn Zeitlebens zu mainteniren. Wollte Gott, ich könnte es immer!"

Am 5. April Abschiedsbesuch beim Rector; die letzte Partie Schach mit Frerks*), die letzte Clavierstunde, dann heißt es:

April 8. „Abends zärtlichen Abschied von meinem guten kranken Vater. O, möcht ich ihn doch wiedersehen! Guter Gott, stärke ihn!"

— April 9. „Welch ein Abschied von der besten der Mütter, so liebevoll, so zärtlich! Um 6 stieg mit Boutin auf den Wagen nach Göttingen in guter Gesellschaft. In der Nacht kamen wir nach Lüneburg und aßen mit Lt. Greve und Söhnen, 2 Sievekings und Anderen."

— April 10. „Abends blieben im Schafstall, konnten nicht mit Greve und Sievekings aus, des schwer bepackten eigenen Wagens wegen. Diese schon in Celle."

— April 11. „Schmissen um 11 Uhr im Garstner Holze um und mußten dort 5 Stunden campiren in der äußersten Unthätigkeit. Abends zogen wir um 6 nach Celle hinein, auf einem elenden Wagen von Holzspeichen; blieben dort die Nacht."

---

*) Frerks, Joh. Heinr., wird sehr oft als Freund des Schachspiels genannt. Das Stammbuchblatt, welches er M. zum Andenken gab, beginnt: „Wer die Parthie denkt rühmlich zu gewinnen, der macht mit Klugheit seinen Plan" und gibt im Gewande von Spielregeln practische Lebensweisheit. Frerks war mit M. zugleich Nov. 1783 auf dem academ. Gymnasium und zwar als stud. Theol. immatriculirt, gab aber das Studium auf, um Bierbrauer zu werden.

— April 12. „Abends in Hannover, wo wir die Andern erst wieder trafen. Logirten in Strelitz' Schenke, schlechte Aufwartung und Essen. Abends spielten Whist."

— April 13. „Morgens besahen die katholische Kirche, Bibliothek, Nachmittags Herrnhausen. Abends spielten Whist."

— April 14. „Mittagessen in Brügge. Wollten bis Eimbeck, unser Wagen kam aber nicht so weit, sondern blieben auf dem Braunschweiger Wege in einem sehr guten Logis liegen. Vortreffliche Gegenden."

— April 15. „Morgens in Eimbeck trafen beide Cropps, Luis u. A., aßen in Nordheim und so in Gottes Namen ohne die geringsten Beunruhigungen nach Göttingen, wo ich in der Poststraße beim Schneider Uhlendorf logirte."

II. In Göttingen.
1785—1788.

„Machte viele Entreevisiten" — damit beginnt am 16. April 1785 der Bericht des Tagebuchs über das Studentenleben in Göttingen. Das letztere wollte zuerst nicht recht gefallen. Trotz der sehr liebenswürdigen Aufnahme, welche Mönckeberg in einigen Familien (Bornemann, Alberti u. A.) fand, an welche er Empfehlungen von Hamburg mitgebracht hatte, und ungeachtet vieler Spaziergänge „über den Wall", nach der Papiermühle, nach Grohnde u. s. w., bei welchen der „himmlische Nachtigallengesang" bewundert wurde, klagt das Tagebuch über „einförmige Lebensweise". Mit Wehmuth wird am Himmelfahrtstage „an vorig Jahr gedacht, wo wir bei Feils aufm Garten himmlisch vergnügt waren." Daß am Freitag vor Pfingsten kein Lämmerabend zu sehen war, wie in Hamburg, und daß der Pfingstdienstag nicht als dritter Festtag gefeiert wurde, wird verdrießlich bemerkt. In den ersten Wochen scheint M. nur mit einigen Hamburgern verkehrt zu haben; bald erweiterte sich aber dieser Kreis; ein heiteres geselliges Leben ward geführt und die Klagen im Tagebuche verstummen. Noch im Laufe des Sommersemesters wurde mit einer kleinen Zahl von Freunden ein Club verabredet, der regelmäßig jeden Sonnabend bei Punsch und Butterbrod in der Wohnung eines der Mitglieder zusammenkam. Neben diesem engeren Kreise bildete sich dann ein anderer Club, dem fast alle Hamburger angehörten und in welchen auch Fremde eingeführt werden konnten

Dieser größere Club wird zuweilen als „Landsmannschaft" bezeichnet. Auch von einem „Theecommers" bei einem oder dem anderen Freunde ist zuweilen die Rede. Getrunken wurde bei allen diesen Zusammenkünften meistens Punsch, auch Thee, Chocolade, Kaffee, Wein; Bier wird fast nie erwähnt. Sehr oft luden die Studenten ihre Freunde zum Mittag- oder Abend-Essen ein und nicht selten werden besondere Gerichte, wie Rauchfleisch, Schellfische, neue Heringe u. A., angeführt, welche die Veranlassung zu solchen Einladungen gegeben haben. Karten wurde auch in Göttingen sehr viel gespielt, auch an den Club-Abenden, gewöhnlich Whist, L'hombre und Tarock. Von Paukereien oder vom Fechtboden ist niemals die Rede. Man gewinnt aus dem Tagebuche den Eindruck, daß die jungen Hamburger — schon in der Heimath an sehr viel Freiheit und an ein vielseitiges geselliges Leben gewöhnt — an dem eigentlichen Burschenleben sich fast garnicht betheiligten, vielmehr in ähnlicher Weise, wie sie es in Hamburg gewohnt gewesen waren, mit einander fortlebten. Daß in einzelnen Fällen stark getrunken wurde, berichtet das Tagebuch allerdings; aber die Art und Weise, wie es berichtet wird, beweist, daß es sich um Ausnahmefälle handelt. Im Sommer wurden Gartenwohnungen gemiethet, in denen die Freunde sich besuchten, auch kleine Gesellschaften gaben. Touren in die Umgegend, zu Wagen, zu Pferde und zu Fuß, gewährten angenehme Abwechslung. In den Ferien wurden Reisen gemacht, aber nicht in die Heimath. Während voller vier Jahre, die Mönckeberg in Göttingen und Wetzlar zubrachte, ist derselbe nicht nach Hamburg gekommen, selbst dann nicht, als am zweiten Weihnachtstage 1785 sein Vater gestorben war. Daß Baetcke in den Herbstferien 1786 „per plaisir nach Hamburg reiste", wird als etwas ganz Besonderes verzeichnet.

Von den gehörten Collegien ist im Tagebuche wenig die Rede. Am 18. April begann die Reihe derselben mit Logik bei Feder und Institutionen bei Böhmer. Bei dem Letzteren wurde später Rechtsgeschichte, bei Klaproth Proceß, bei Waldeck ein Practicum gehört. Pütter's*), Gatterer's und Schloezer's Vorlesungen wurden eifrig besucht. Mit einem Freunde wurde Italienisch getrieben, bei Schloezer dessen Münzsammlung besehen; von der Bibliothek heißt es nur: „Nachmittags auf der Bibliothek, wo ich mich sehr ennuyirte, weil man kein Buch herausziehen darf." Die Kirche wurde bisweilen, aber nicht regelmäßig besucht. Mit den Familien der Professoren scheint wenig geselliger Verkehr gepflogen zu sein; erst in den späteren Semestern werden ein Paar Mal Gesellschaften bei Professoren erwähnt. Das Verhältniß zu den Bürger-Familien, mit welchen in den ersten Monaten ein höchst intimer Verkehr angeknüpft war, vor Allem mit Bornemanns, blieb bis zuletzt ein sehr freundschaftliches. Besondere Festtage aber waren es, wenn bekannte Hamburger auf der Durchreise nach Göttingen kamen.

Nachdem am 15. März 1788 das Examen bestanden war, fanden die Universitäts-Studien mit der am 13. September desselben Jahres stattfindenden Promotion als Licentiatus ihr Ende. Die 56 gedruckte Quartseiten umfassende Dissertation „Adumbratio juris cambialis in concursu creditorum" ist dem Senate der Vaterstadt dedicirt und behandelt sehr eingehend die hamburgische Gesetzgebung und Praxis, insbesondere die bezüglichen Bestimmungen der „Neuen Falliten-Ordnung". Die Göttinger Gelehrten-Anzeigen referirten am 16. Januar 1790 ausführlich über die Dissertation, rühmten die Mühe, welche sich der Verfasser gegeben und die vielen guten Bemerkungen, welche er in der Schrift angebracht habe, vermißten aber „ein besseres und verständlicheres Latein".

---

*) Pütter nennt in seiner Selbstbiographie — Göttingen 1798 bei seinem 50jährigen Professoren-Jubiläum erschienen — Mönckeberg unter der Zahl der, „wegen ihres Fleißes und guten Betragens ihm unvergeßlichen jungen Männer", welche in den Jahren 1785 und 1786 seine staatsrechtlichen Vorlesungen besuchten. (S. Bd. II. pag. 763).

Die nachfolgenden Tagebuch-Auszüge (in chronologischer Reihenfolge) werden am besten ein Bild von dem Leben in diesen Göttinger Jahren geben; die etwas ausführlicher gehaltenen Reisebeschreibungen bieten nicht nur kulturhistorisch manches Interessante, sondern gewähren auch mancherlei Einblicke in die Denk- und Empfindungsweise des Verfassers.

1785, Mai 4. „Um 4 Uhr nach Clausberg auf dem neuen Krug, wo ich mit erstaunlichem Vergnügen den Bauern und ihrem Tanzen zusah. Schleifer war ihr Haupttanz. Auf dem Rückweg sah das Phänomen, wovon Prof. Büsch uns oft gesagt hatte, nämlich Wasser an einem Orte, wo nichts war, einen See hinter Göttingen, ganz deutlich. Die Sonne ging eben auf das feierlichste unter."

— Mai 21. „Um 6 mit Zimmermann nach Tippoldshausen, wo wir schliefen. Abscheuliches Bett; sonst außerordentlich angenehm. Um 2½ auf, um 3½ nach der Plesse, den Ruinen eines großen, alten, ehrwürdigen, auf einer Klippe gelegenen Schlosses. Welch ein Taumel der Begeisterung für mich. Wir saßen auch im Gefangenen-Thurm. Mein Zweig möge immer blühn. Um 8 wieder in Göttingen."

— Juni 26. „Um 5 nach Bovenden, ein göttlicher Weg an Aussicht! Dort elende Comoedie und etwas besseres Ballet. Viel Zoten der Bursche." (Bovenden war zu jener Zeit kurhessisch und ein beliebter Vergnügungsort, aber auch, wie M. später einmal bemerkt, „der Ruin manches Göttinger Studenten").

— Juni 28. „Um 7 nach Zimmermann, wo Punsch- und Butterbrod-Collegium war mit Boutin, Luis und Cropp dem jüngeren *). Dauerte vergnügt bis 11 Uhr."
— Juli 12. „Die alte Mad. Bornemann erzählte mir die glückliche Niederkunft ihrer Schwiegertochter. Vor Freude kam ich beinahe außer mir. Tractirte noch denselben Abend Luis, Boutin, Cropp und Zimmermann und machte sie alle besoffen." (Juli 19. „Legte bei Mad. Bornemann Wochenvisite ab, was mich sehr erfreute und gewiß auf 14 Tage erheitern wird.")
— Juli 16. „Nach dem Göttinger Schützenhofe, dem ich mit Vergnügen zusah. Es war erstaunend voll. Ein kleines Feuerwerk mit Raketen, das mich aber mit Wehmuth an andere erinnerte."
Oct. 13. „Mama hatte mir Zungen geschickt, die ich der alten Mad. Bornemann gesandt hatte. Heute Morgen nöthigte mich in ihrem Namen der junge Olivett darauf, der bei mir rauchte und trank. Um 6½ ging ich nach Bornemanns und war recht vergnügt."
— Nov. 10. „Cropps Bruder **) war mit auf dem Club; ich trank mit einem Hofmeister Ebel Brüderschaft; wir punschten bis 1. So gings nun noch auf den Wall vom Wehnder bis Albaner Thor. Fast hätte ich zu viel gekriegt."
— Nov. 13. „Mit Cropp und Luis in einer Kutsche nach Münden. Der ältere Cropp und sein Bruder zu Pferde. Letzterer wollte nach Rochelle. In der angenehmsten Unterhaltung fuhren wir

---

*) Der „jüngere" Cropp ist der bereits in Hamburg oft erwähnte Theologe J. N. Crop; der ältere Cropp, auch der Leipziger genannt, wahrscheinlich weil er in Leipzig studirt hatte, ehe er nach Göttingen kam, wird der 1762 geborene Fr. Georg J. Cropp sein, ein Bruder des Pastors in Moorburg, Paul Lorenz Cropp, gestorben 1798 als Actuarius adjunctus in criminalibus am Niedergericht.

**) Der ältere Cropp, Sohn des Subphysicus, hatte sehr viele Geschwister; der hier erwähnte Bruder war vermuthlich Kaufmann.

hinaus. Münden liegt ganz vortrefflich. Wir gingen dort aufs Caffehaus. Alle Andern gingen noch nach Cassel, Luis und ich um 4 wieder zurück, um 8³/₄ in G. Diesen Tag möchte ich beinahe den angenehmsten meines Aufenthalts in G. nennen."

— Dec. 24. „Dr. Feil*) war von Italien und Paris zurück hier angekommen; ich sprach den lieben guten Jungen zuerst auf der Straße. War 3 mal vergeblich nach dem König von Preußen, ihn zu sprechen."

— Dec. 25. „Um 12 holte Feil, seinen Reisegefährten Merkel**), Patricier aus Nürnberg und artigen Mann, mit Cropp ab nach Kellner, wo wir auf 21 Converts aßen. Sehr brillant und angenehm, so feiner Ton! Spielte zum ersten Mal L'hombre seit Hamburg."

— Dec. 26. „Um 8 nach Feil, der mit der ordin. Post bis Hannover reiste. Gingen zu Fuß bis Wehnde voraus, wo wir uns trennten."

1786, Feb. 4. „Von 3—7½ spielte Schach mit von Suter, einem Schweizer, der schön spielt."

— April 6. „Letzter Club, wo 23, unter ihnen Graf Taube mit Lt. Riedel und viele Liesländer waren. Im L'hombre verlor à 1 doppelten Hessen-Albus: 11 ggr."

— April 16. „Lodge (Freund des väterlichen Hauses) war durchgereist und vergeblich bei mir gewesen. Dies verdroß mich entsetzlich."

— April 17. „Morgens sah mit vielem Vergnügen die Kinderconfirmation in der Jacobi-Kirche an, wobei mir besonders die Dem. Birkenbusch gefiel."

Am folgenden Tage wurde eine Ferienreise nach Thüringen angetreten:

---

*) Feill, G. H., geb. 1761, J. P. Dr. Göttingen April 1784, † als Advocat in Hamburg 1835.

**) H. v. Merkel schrieb am 26. Dec. in M.'s Stammbuch: „das Leben ist ein Hasardspiel; wer viel Trümpfe in die Hand bekommt, hat gut spielen."

— April 18. „Mit der Post nach Münden, wo ich die Nacht auf Stühlen schlief wegen der Wanzen."
— April 19. „Mit der ordinären Post über Cassel nach Melsungen."
— April 20. „Ueber Bebra, Hirschfeld (wo ich des Postmeisters Tochter Dem. Elisab. Blumin wegen ihrer Artigkeit sobald nicht vergessen werde), Zum Dach (Abends ein gut Stück Kalbsbraten),"
— April 21. „nach Salzung. Von da um 4½ mit Extrafuhr für 1 Louisd'or nach Gotha durch den Thüringer Wald. Erst um 3 Uhr langte ich dort an und wurde mit warmen Herzen von Schulz und Amsinck*) empfangen. Wir besahen den Friedrichsthaler Palais und die gar schöne Grotte, die aber schon etwas verfiel. Logirten sehr gut im Mohren und billig."
— April 22. „Zuerst in dem schönen großen Parke des Herzogs; steuerten mit Gefahr nach einer Insel, wo des Erbprinzen Monument ist und fanden dort alles verschlossen. Die Bibliothek sahen wir nur in der Eile an, weitläufiger und länger die Kunstkammer, die zwar schöne Stücke enthält, aber nicht mit der Braunschweigischen in Vergleichung kommt. Der Inspector Dietz ist ein sehr commoder Patron. Das Münzcabinet ist vom Hofrath Rousseau, einem großen Manne, herrlich rangirt und ist äußerst wichtig. Wir konnten leider nicht bis zu Ende dableiben, weil wir ohnedem schon den Leg. Rath Lichtenberg eine Stunde hatten warten lassen, der mit vieler Artigkeit uns seine schönen physicalischen Instrumente zeigte. Vorher besahen wir ein nicht sehr beträchtliches inländisches Naturalien-Cabinet des Prof. Gebhardt. Nach Tisch tranken Coffee bei Dr. Buddaeus und sahen seine artige Insecten-Sammlung. Nun benutzten wir die schönen Promenaden um die Stadt, besahen das Porcellan-

---

*) P. Amsinck, geb. 1764, Pastor zu St. Johannis 1792, † 1826, ein Bruder des Bürgermeister Wilh. Amsinck Lt.

Magazin, den artigen Garten und das Kirchen-ähnliche einsame
Haus der Herzogin am Schlosse und die dortige schöne Orangerie.
Fast zu spät kamen wir in den großen Gelehrten-Club, zu
welchem Fremde Zutritt haben. Er ist in unserm Gasthof."

— Den 23. April Sonntag. „Um 6 reisten wir per Wagen weiter
nach Erfurt. Erst besahen wir eine der drei berühmten Gleichen
mit dem Hochzeitbette des Grafen. Dann kamen wir nach Neu-
Dietendorf, einer ansehnlichen Herrnhuter-Colonie von 600
Seelen. Wir hörten das Ende einer schönen, gar nicht schwär-
merischen Predigt. Die feinste und billigste Bedienung im
Wirthshause. Von da weiter nach Mollsdorf, wo wir Chokolade
tranken. Das Schloß gehört nach Gotha. Man ließ im großen
schönen Schloßgarten die nicht beträchtlichen Cascaden für uns
Wasser geben. Schöne Gemälde im Schlosse. Von da kamen
wir um 3½ nach Erfurt, wo Kirchweihe gewesen war und
Alles daher noch im größten Putze. Viele entzückend schöne
Mädchen und frei. Wir besahen den Petersberg, die große
Glocke, welche 1875 Centner wiegt. Abendessen und um 7½
zur Promenade, wo sich die Erfurter Schönen einfinden."

— Den 24. April. „Von 6½ — 7½ über einen Theil des zwei
Stunden langen, mich an den Hamburger lebhaft erinnernden
Walles, wo wir mit Wehmuth eine Menge kaiserl. Rekruten
wegziehen und von weinenden Weibern Abschied nehmen sahen.
Dann hörten wir Messe im Dom und in der Stiftskirche, besahen das Schotten-Kloster, wo der angenehme Pater Hamilton
uns nur in Eile seine schönen physicalischen Instrumente zeigen
konnte, weil er einem Mainzischen Prof. Metternich opponiren
mußte. Wir wohnten dem eine Zeit lang bei. Nach Tische
gingen wir in das ehem. Augustiner-Kloster, itzt Evangelisches
Waisenhaus. Besahn dort Luther's Zelle und die Kunstkammer,

die zwar meistentheils altmodische, aber auch sehr sehenswerthe, äußerst interessante Stücke enthält. Um 5 fuhren wir weiter nach Weimar, wo wir um 8½ ankamen. Das Wirthshaus liegt sehr angenehm bei der Esplanade. Hier sahen wir beim Spazieren etwas von den Weimarer Schönen."

— Den 25. April. „Morgens 6½ durch den schönen Englischen Garten des Herzogs, der Stern genannt, wo wir die Schnecke hinaufstiegen und nicht genug die häufigen naiven Einfälle des Geh. Rath Göthe bei Dirigirung dieses Gartens bewundern konnten. Von dort gingen wir nach Belvedere, besahen die schöne Orangerie, gingen durchs Holz spazieren, wo Damhirsche und anderes Wild war, ein zahmes Reh uns aber angenehm in einer Grotte frappirte. Wir ärgerten uns über die tollen Streiche des Herzogs bei Ruinirung der Grotten. Nun besahn wir traurig das ausgebrannte große Schloß, die nicht sehr beträchtliche Maleracademie und fuhren um 1 Uhr weiter nach Jena, wo wir um 4 anlangten. Ich logirte in einer eignen Stube bei Hofr. Nicolai, wo Schulz wohnte. Machte Visiten, aß mit Schulz beim älteren Renzel in einer Laube über dem Hause. Nachher mit allen Hamburgern in Gesellschaft auf einem Gasthofe, im Fürstengarten."

— Den 26. April. „Promenirte Morgens mit meinen Landsleuten etwas um die Stadt herum in entzückenden Gegenden. Machte dann bei dem bezaubernd angenehmen Eichhorn meine Visite und hospitirte bei Ulrich. Um 1 in den göttlichsten Gegenden nach Kahle und gingen von da den Leuchtenberg hinan. Entsetzlich ermüdender Gang, aber die zwischendurch sichtbaren Gegenden versüßen ihn hinlänglich; je höher man kommt, je mehr erstaunt man. Trauriger Anblick der dortigen Gefangenen.

Artige Kirche und Priester, der oben ein Observatorium hat. Um 10 bei göttlichem Wetter zu Hause."

— Den 27. April. „Um 8 gingen wir hinaus und bestiegen den erstaunend hohen Fuchsthurm, wo wir Coffee tranken, ich mit unaussprechlichem Vergnügen einen Bücher-Catalog durchsah. Von da zum Fürstenbrunnen, dem Lieblingsort Johann Friedrich's. Um 1 fuhren wir nach Dornburg, besahen das Schloß mit seinem Marmorsaale. Von 7 — 8 aßen wir bei Amsinck und Runge*), Schultz und ich; von da bis 10 beim jüngeren Renzel, wo mehrere."

— Den 28. April. „Spazierte erst noch im Fürstengarten; die Nachtigallen schlugen so schön. Trank Thee bei Runge. Dann besahen wir das vortreffliche und schön arrangirte Museum; die Bibliothek aber hatten wir nicht mehr Zeit zu sehn. Um 1 fuhr ich mit Koops, Schulz und Renzel I wieder ab. In Weimar sahen wir sechs Grazien aus der Blumen-Academie kommen, göttliche Mädchen. Abends 8 belegten in Erfurt die Post. Aßen und schliefen schön."

— Den 29. April. „Um 7 fuhr mit der Post ab. Die Trennung von Schulz ging mir hart an. Ich fuhr in artiger Gesellschaft die drei Meilen bis Langensalza, allein, mit einem äußerst empfindlichen Winde im Gesicht. Um 1 kamen wir an, ich aß schlecht und fuhr um 4, aber mit Extrapost, weiter, zwei Meilen nach Mühlhausen bis 7. Der Wirth im Schwanen allhier war Bäckergeselle in Hamburg gewesen; ich unterhielt mich mit ihm bei Coffee ziemlich gut. Bei dem heitersten Wetter, bei einem starken Nordlichte, untergehendem Monde und nicht unterbrochenem Nachtigallengesange fuhr ich um 9¾ weiter zwei Meilen nach

---

*) Runge, J. G. J., † 1792 als Candidat.

Dillingstedt. Ich hatte einen artigen Postillon und fuhr in die angenehmsten, ehrfurchtsvollsten Träumereien vertieft Um 12 ärgerte ich mich, daß ich schon da war. Traf einen Ochsen von Postmeister und fuhr um 2½ weiter 2 Meilen nach Heiligenstadt. Es war sehr kalt; um 5 da."

— April 30. „Hier erhielt Gelegenheit mit Graf Taube und Lt. Riedel weiter nach Göttingen zu fahren; ihr Laquai, ein artiger Mensch, hatte beim verstorbenen jungen Luis gedient. Um 11 waren wir in Göttingen, schlief von 12 — 5."

— Mai 4. „Heute gingen die Collegia wieder an. Mit Schuback nach Wehnde, essen da und erwarten die Neuen, nämlich Misler*) und Sillm."

— Mai 7. „Schöne Tage in aller Absicht. Lebte aufs Vergnügteste einsam zu Hause, nur Abends aufm Wall den Nachtigallen nach mit Wonne."

— Juni 4 (Pfingstsonntag). „In der Predigt bei Wagemann. Spielten auf Cropps Garten Kegel und Whist. Um 7½ nach Zimmermann, wo wir aßen. Blieben bis 1¾ und der sehr renommirende M. ward zu unserm größten Jubel ein Schwein."

— Juni 5. „Dem. Berkenbusch im Fenster gesehen, welche uns lange nachsah. Nachher erfuhren wir, daß sie morgen früh nach Hannover in eine Pension reise, welches uns nahe ging."

— Juni 17. „Um 7½ mit Sieveking, Schuback und Sillm nach Kerschlingerode, wo wir an dem göttlichsten Abende etwa um 9 anlangten. Diesen herrlichen Ort hatte ich noch gar nicht gesehen. Wir sangen bis 11."

— Juni 18. (Sonntag). „Wir amüsirten uns auf die vortrefflichste Art, waren dort den ganzen Tag fast allein. Spielten

---

*) J. G. Misler, geb. 1763, Lic. der Rechte, † 1845.

Whist. Abends gingen wir zur Insel und zum Tannenwalde, fingen dort eine Schlange. Diese Zeit wird mir im Andenken bleiben."

— Juli 11. „Um 4 (mit denselben Freunden wie am 17. Juni) nach Reinhausen gefahren. Viel Regen. Wir spazierten doch mit vielem Vergnügen, bis es Zeit zum Essen war, saßen unter einem hohen Baume. Punschten bis 12¼, dann alle vier recht lustig in schönem Wetter wieder im Dorfe spazieren gegangen, Sieveking mit einer brennenden Wachskerze, und um 1½ zu Hause, noch immer zu früh."

— Juli 12. „Baetcke und Springer*) kamen zu uns geritten um 7; zusammen ins Bremker Thal, eine wahre Alpengegend. Dann zu einer berühmten Buche und Eiche. Um 7½ fuhren zu Hause."

— Sept. 3. „Dankfest für des Königs von England Errettung. Bei Less in der Predigt. Um 5 in der Universitätskirche te deum laudamus und God save Great. Dann beim Vivat, das den Prinzen**) gebracht wurde und bis 1½ bei Kellner."

— Sept. 18. „Um 7½ nach dem König von Preußen, wo unsere Landsmannschaft vereint mit den Oldenburgern und Holsteinern sich versammelte. Von da vor's Wehnder Thor, wo alle 350 an der Zahl versammelt in 7 Landsmannschaften mit Fackeln den drei Prinzen ein Vivat brachten nebst einem Gedichte, worin wir spielten, als wäre der Herzog von York gegenwärtig. Ich zog um 10 zu Hause; kostete einen Gulden."

---

*) H. Springer, nach M.'s Stammbuch stud. jur. aus Holstein.
**) Die drei jüngsten Söhne Georg des Dritten, Ernst August — der spätere König von Hannover—August Friedrich und Adolph Friedrich hielten sich seit Juli 1786 längere Zeit Studirens halber in Göttingen auf. Es war dies, wie Pütter in seiner Biographie sagt „der höchste Glanz der Universität mit drei königlichen Prinzen und halbhundertjähriger Jubelfeier.)"

— Oct. 2. „Der jüngere Cropp ging nach Jena und gab heute einen Abschiedsschmaus bei Kellner. Es waren da Lt. Riedel, der als Rath nach Weimar berufen war und mit Cropp wegreiste, und viele Andere (auch Cropp Doctorandus, d. i. der ältere Cropp, welcher am 15. Oct. ebenfalls einen Abschiedsschmaus giebt). Im L'hombre verlor à 2 Schilling 9 Points. Wir saßen die ganze Nacht durch, gingen um 5 nach Lt. Riedel und so nach Cropp's Garten, tranken dort Coffee. Cropp reiste um 6 ab und ich ging um 7 zu Hause."

— Oct. 6. „Coerber (Mediciner aus Liefland) reiste ab; Sieveking und Schuback begleiteten ihn nach Braunschweig, die übrigen nach Nordheim, ich nicht wegen eines kleinen Schadens am Fuße, der aber schon besser war, eigentlich des schlechten Wetters wegen."

— Oct. 26. „Mit Traurigkeit hörte am Dienstage durch Baetcke's Brief, daß er nicht wieder kommen werde. Heute zum ersten Male Club; alle acht Interessenten waren da, außerdem als Fremde v. Bock, v Halem, Gondela, Naßer."

— Nov. 2. „Der alten Mad. Bornemann Geburtstag; ich war mit der Familie zum Abendessen. Der allgemeine Glückwunsch mit Feierlichkeiten war mir sehr rührend. Es wurde auch gepunscht."

— Nov. 5. „Bei Sieveking mit den Club-Interessenten zur Wahl neuer Mitglieder. (Am 9. November erscheinen Gondela und Naßer als neue Mitglieder im Club; am 12. wieder eine Wahlversammlung mit „viel Streit"). Das Essen im Club kostet mit Thee jedesmal 13 ggr., Pfeife 1 ggr."

— Nov. 21. „Boutin ließ mich durch Engehausen um 6 zum Essen abholen. Das freute mich! (Mit B. war oft Streit). Mlle. Hasche gab heute Hochzeit mit Herrn Bauks. Wir waren bei Mallaga seelenvergnügt."

— Dec. 11. „Referirte bei Pütter zum ersten Male; viele Zuhörer. Um 5½ zu Greve, wo ich zu Austern geladen war."

Dec. 25. „Morgens um 5½ zur katholischen Kirche; dort bloß sehr volle Messe; dann fast in alle Kirchen, wo sonderbare Ceremonien sich fanden. Um 10 in der Universitätskirche, hörte eine magere Predigt von Vollborth. Abends bei Sieveling Whist. Um 11 kamen Mehrere mit G., den sie die elende Absicht hatten trunken zu machen. Ich entfernte mich um 12."

— Dec. 26. „Ein Tag in tiefster Wehmuth vollbracht. (Todestag des Vaters). Mittags zur Predigt bei Kahle."

1787, Jan. 4. „Nicht auf dem Club wegen Erkältung, Flußfieber. Versäumte keine Stunde."

— Jan. 15. „Boutin's Geburtstag. Er wixte höllisch auf; wir waren ganz außerordentlich vergnügt; auch Punsch."

— Jan. 18. „Opponirte Luis; des Abends nicht auf dem Pikenik wegen der Königin Geburtstag, weil ich glaubte morgen opponiren zu sollen."

— Jan. 19. „Luisii Doctorschmaus. Um 12 schaste ich mich. Im L'hombre verlor 4 Mark 8 Schilling."

— Jan. 23. „Unser Contreschmaus an Luis. Alle Landsleute. Um 2 weg. In Quadrille gewann 17 Mark 14 Schillinge."

— Feb. 7. „Abends waren beide Zimmerleute mit Anderen bei mir zum Essen. Um 12 auseinander. J. hatte sich Punsch verbeten, wegen seiner morgenden Abreise."

— März 3. „Ich zu dem kranken Sieveking um 5, spielten Whist; trank Englisches Bier."

— März 21. „Von 5—6 practicum bei Waldeck. Da holte mich Sillm ab, bei dem ich Schellfisch mit Kartoffeln aß, aber im L'hombre 7 Thaler 17 ggr. verlor."

— April 8. „Spazierten auf dem Wall des Osterfeuers wegen auf den benachbarten Dörfern und Gebirgen."
— April 11. „Roops und Schulz kamen an von Jena Letzterer blieb hier und logirt bei meinem Uhlendorf."
— April 19. „Abends Chocolade, Butterbrod, Pumpernickel und Bischof bei Sillem."
— Mai 2. „Rücker,*) der auf der Durchreise nach Göttingen gekommen war, tractirte uns groß in der Krone."
— Mai 5. „Um 9 nach Nordheim, um Rücker zu begleiten. Inter pocula entschlossen wir uns bis Osterode zu fahren. Um 5½ daselbst, spazierten in der Stadt herum, gingen nach dem Rathsweinkeller, aßen nachher sehr schöne Forellen."
— Mai 6. „Wir fuhren um 6 aus einem Thore zurück, Rücker aus dem anderen weiter. In Nordheim gefrühstückt, wo wir Schuback trafen und Abschied von ihm nahmen. Um 4 in Göttingen. Eine sehr vergnügte Tour."
— Mai 12. „Erster Sommerclub auf Wacker's Garten (einem Wirthschaftslocal); Kohlmann**) und Mathiessen werden eintreten."
— Mai 17 (Himmelfahrt). „Mit Schulz nach Bremke gegangen. Der göttlichste Weg, wahre Schweizergegend. Im Reinhauser Wirthshaus Frühstück, in Bremke schlecht gegessen; vorher eine volle Predigt des Pastor —, die übrigens nicht viel bedeutete. In Reinhausen beim Cantor Coffee getrunken und um 7½ herein."

Die Pfingstferien wurden in diesem Jahre zur Reise nach Cassel benutzt:

---

*) Rücker, J. E., geb. 1766, promovirt 1790, Domherr 1799, † 1838.
**) Kohlmann, D., aus Bremervörde, studirte Mathematik, Matthiessen E. A., aus Altona, Jurisprudenz.

- - Mai 26. „Um 12 nach Cassel, wo wir um 6 anlangten, sehr naß. Machten Gesellschaft mit dem Berlinischen Stallmeister Claus Formey, Sohn des berühmten Secretairs, einem in aller Absicht vortrefflichen Mann, und Schillmanns van Sevenhofen aus Rotterdam, einem eifrigen Patrioten und angenehmsten Gesellschafter."

— Mai 27 (ersten Pfingsttag). „In die herrliche katholische Kirche, dann zur Kirchenparade, das Modellhaus, niedliche reformirte Kirche, Colonnaden und schönen Platz in der Neustadt, wo Hauptparade. Nachmittags im Augarten, dann das göttliche Marmorbad, die Fasanerie, Menagerie und herrliche Natur und Kunst-Sammlung des Inspectors Schildbach."

— Mai 28. „Morgens das herrliche Schloß inwendig besehen; vorzüglich frappirten mich der Ordenssaal und Journal für Teutschland auf der Landgräfin Nachttisch, dann die schöne Maler- und Bildhauer-Gallerie und Akademie nebst des jungen Tischbein's Sachen. Nachmittags nach Wilhelmsthal; ließen die Wasser springen."

— Mai 29. „Morgens das vortreffliche Museum besucht: sat dictum. Nachmittags nach dem Weißenstein; nachher die Eremitagen und chinesische Parthieen besehen."

— Mai 30. „Besah die Münze. Um 10 nach Münden und zurück nach G. Die Tour kostet mir keine 18 Thaler."

— Juni 2. „Bei herrlichem Wetter zum Lesen auf Sillms Garten, mit Schulz allein, die Nachtigall schlug göttlich."

- Juni 4. „Austheilung der Preisschriften, Hirsch aus Goslar erhielt die juristische. Um 8 nach dem Berge hinter der Papiermühle, wo wir ein niedliches Feuerwerk zu Ehren des Königs abbrennen und den Berg illuminirt sahen."

— Juli 7. „Hatte einen Garten außerm Grohnder Thor gemiethet, den ich heute bezog."

— Aug. 4. „Bis dahin immer seelenvergnügt auf meinem Garten und fast alle Tage gebadet. Heute holte mich Sillm weg nach seinem Garten. Spielten Quadrille; um 9 aufgehört, mit größtem Jubel gegessen und B. unterm Tisch getrunken. Herrlicher Mondschein."

— Aug. 18. „Ging wie jeden Sonnabend mit größtem Vergnügen an der Leine liegen und las im Virgil und Zimmermann."

Im September wurde das 50jährige Bestehen der Göttinger Universität festlich begangen.

— Sept. 14. „Freudige Empfindungen über das sich nähernde Jubiläum. Um 12 Trompeten zur Versammlung der Reiter. Die Minister*) wurden eingeholt. Um 8 nahmen wir ein äußerst vergnügtes Butterbrod beim Standarten-Junker Rücker ein. Vivate, denen ich nicht beiwohnte."

— Sept. 15. „Ein herrlich vergnügter Tag ohne weitere Feier, als Abends Vivate. Auf den Straßen sehr lebhaft, Extraposten ohne Aufhören."

— Sept. 16. „Vor einer ausnehmend glänzenden Versammlung eine sehr wässerigte Predigt von Less mit angehört. Mittags im Kaufhause in großer Gesellschaft gegessen, wo zuletzt alles unter und über ging. Boutin und ich retirirten uns um 4. Rücker ward bald nachgeschleppt. Abends war sehr müde."

---

*) Zugleich Curatoren der Universität von dem Busche und von Beulwitz. Pütter bemerkt — Selbstbiographie Bd. II. p. 797 — „was hätte diese Feierlichkeit glänzender machen können, als daß die Universität gerade das Glück hatte, drei königliche Prinzen als die Krone ihrer gelehrten Mitbürger, herablassend frohen Antheil daran nehmen zu sehen."

— Sept. 17. „Um 8 zum Frühstück nach dem Adjutanten der vereinten Holsteiner und Hamburger. Von da auf den Universitäts-Platz, in großer Procession (im Regenwetter) auf weitem Umweg zur Universitätskirche gezogen, wo Reden, Musik und Promotionen waren. Das Ganze dauerte bis 2. Von 10½ — 12 waren Zimmermann und ich in einem Eckhause am Markte, tranken eine Bouteille Malaga. Nachmittags die ganze Stadt durchstrichen in Procession, dann, wie es schon schummerte, der auf dem Rathhause versammelten Gesellschaft Vivats gebracht. Das dort präsentirte Confect und Wein wollten wir nicht. Nach Kellner, wo Holsteiner und Hamburger zusammen einen Club hatten."

— Sept. 18. „Morgens Reden von Heyne, Blumenbach, Küstner und eine sehr launigte von Gatterer angehört. Nachmittags ein elendes Carousel angesehen. Abends Ball auf dem Rathhause; das mir zugefallene Billet überließ ich Ehren halber unserm Maréchal Boutin."

— Sept. 19. „Die Minister wurden weggebracht."

— Sept. 26. „Schlief zuletzt auf'm Garten. Welche vergnügte einsame Stunden hatte ich da gehabt." (Am 4. October heißt es: „Trank heute Nachmittag den letzten Thee auf meinem Garten.")

— Oct. 7. „Beschlossen eine Fußtour zu machen."

— Oct. 8. „Um 6 in dickem Nebel mit Boutin weg, über Großen Schneen, wo geschnapst wurde, Friedland, von da durch Verirren über Markeshausen nach Eichebergen, dort bei einer äußerst einnehmenden Wirthin eine gebratene Gans gegessen und dann auf einem wunderschönen Wege nach Witzenhausen. Dort nachher in die Weinberge."

— Oct. 9. „Bei schönem Wetter um 6 nach Allmerode — die vielen Berge! Schmelztiegel und Pfeifenfabrik besehen. Dann eine halbe Stunde weiter Alaunbergwerk und Fabrik besehen und in ein Kohlenbergwerk gestiegen, wo wir böses Wetter erlebten. Von 6 — 12½ nicht einen Augenblick gesessen. Nachmittags auf einem gar über alle Beschreibung schönen Wege nach Witzenhausen zurück."

— Oct. 10. „Um 6½ an der Werra weg über Hebemünden nach hannöverisch Münden. Wieder welche Wege! Eine Stunde vor Münden à la campagne gefrühstückt. Mit theurer Extrapost nach Göttingen zurück. Die ganze Tour kostet 5 Thaler 3 Gr. (die Extrapost allein 2 Thaler). Diese Tage möchte ich nicht für 100 Thaler aus meinem Lebensregister wegwischen."

— Nov. 7. „Mein Geburtstag und erster Club, den ich entreprenirt hatte. Matthiessen als Mitglied aufgenommen. Spielte Quadrille."

— Nov. 17. „Um 3½ nach dem anniversario der Societät der Wissenschaften. Gatterer las vor. Alle Prinzen waren da."

— Dec. 24. „Abends bei Sillm zu Gaste. Wir waren ganz über alle Beschreibung vergnügt; zogen insgesammt um 12 ex, eigentlich zur katholischen Kirche, aber vergebens; dann übern Wall bei heiterm Mondschein und angenehmem Frost, bis ich mich endlich allein entfernte."

— Dec. 27. „Wieder geärgert, daß er nicht gefeiert wurde; feierte ihn selbst, denn Sieveking, Sillm, Misler, Rücker, Schulz, Greve, Zimmermann aßen bei mir. Nissen kam nach zum Theetrinken. Im Whist gewann 2 ggr."

— Dec. 31. „Das Spectakel um 12 ging ruhig ab."

1788, Jan. 1. „Um 10 nach Rauschenwasser gefahren, dort uns auf mancherlei Art amüsirt und außerordentlich lustig gelebt. Einer der vergnügtesten Tage meiner academischen Laufbahn.

Abends im Club, wohin ich spät ging, und vorher bei Sieve-
king eine Pfeife rauchte."
— Jan. 10. „Schwänzte Beckmann und stieg in göttlichem Wetter
mit Schulz nach der Papiermühle zum Coffee."
— Feb. 10. „Erfuhr, daß J.'s Bruder da war. Machte ihm
Morgens meine Visite. Er nöthigte mich auf den Abend."
— März 3. „Morgens meldete mich bei Pütter zum Examen."
— März 4. „Erhalten von Pütter 1 12 C. de jure dot. und
e 12 X de foro comp. zur Ausarbeitung."
— März 15. „Abends um 5 nach Pütter, wo ich examinirt ward,
vorher ein wackerer junger Bremer Gondela. Von 7 — 8 bei
Zimmermann, dann mit ihm und Sieveking sehr vergnügt
bei Sillm gegessen."
— März 16. „Morgens hörte ich in der Frühpredigt in der Johannis-
kirche Schulz predigen, der mir sehr gefiel."

In der Zwischenzeit vom Examen bis zur Promotion wurde ohne
Zweifel fleißig an der Dissertation gearbeitet. Das Tagebuch erwähnt
derselben nicht. Daß neben der Arbeit noch Zeit zu fröhlichem Lebens-
genusse blieb, beweisen die nachfolgenden Auszüge:

— März 22. „Zimmermann promovirte; Abends bei ihm zum
Essen. Um 1½ zu Hause."
— März 31. „Baetcke und Springer kamen auf ihrer großen
Tour hier durch. Prof. Niemann aus Kiel, ihr Reisegefährte
bis G. war bei ihnen, ein herrlicher Mann. Ich freute mich
unmenschlich." (Die Reisenden aßen an diesem Tage mit den
Göttinger Freunden bei Sillm, am nächsten Tage bei Mönck-
berg, dann bei Rücker, am 3. April bei Sieveking, wo
sie beredet wurden, noch einen Tag zu bleiben „denn wir hatten
gut getrunken", am 4. April bei Schulz; endlich am 5. April
nahmen die Fremden Abschied.)

— Apr. 10. „Nach Bovenden, hofften vergeblich unsere Füchse zu treffen." (Hartung*) und die beiden Anckelmann kamen am nächsten Tage an.)
— April 22. „Von 5 — 7 promeniren geritten hinter Wehnde und Grohnde; am letzteren Orte massagirt und geschindet."
— Mai 8. „Nähere Abrede wegen unserer morgenden Harzreise."
— Mai 9. „Um 12 mit Schulz, Amsinck und Hartung in Eberwein's Wagen nach Nordheim, wo wir tranken, so nach Scharzfeld, 5 — 6 Meilen. Abends 10³/₄ da, nach manchen Wagen-satis des unsicheren Weges wegen. Daher auch viel zu Fuß. Aßen Hausmannskost und schliefen ziemlich gut im braunen Hirschen."
— Mai 10. „Die Scharzfelder Höhle besehen, herrlicher Anblick. Das im 7jährigen Kriege ruinirte vortreffliche Schloß Scharzfels besehen. Um 11 nach Lauterberg, lachender Schweizerweg an der Oder; unterwegs Drahtfabrik, Eisenhammer, auch Königshütte besehen, auch etwas Arbeit für Geld, da es schon Schicht (Ruhe) war. Um 3 nach Andreasberg. Die Silberhütte auf dem Wege war nicht mehr im Werke. Welch eine Aussicht, wie wir den hohen Berg vor dieser Stadt erstiegen hatten. Uebersicht eines großen Theils vom Harze. Abends Whist gespielt; sehr vergnügt diesen heiligen Abend verjubelt bei Schleewein."
— Mai 11 (Pfingstsonntag). „In starkem Schneegestöber nach Oberbrückenhaus. Immer am Rehberger Graben weg, unter dem

---

*) J. C. Hartung, geb. 1767, Advocat 1790, 1814 Amtsschreiber in Bergedorf, † 1852; Anckelmann, J. G. und P. H., Brüder, studirten beide in Göttingen Jura, wurden am 10. Juni 1791 resp. zum Doctor und zum Licentiaten promovirt, starben unverheirathet als Advocaten resp. 1795 und 1815.

Schutze der Bäume die vortrefflichste Promenade. Göttliche
Weg! Gefrühstückt und den Brockenwirth gesprochen. Um 12½
in starkem Schnee nach Schierke. Ueber 6 Fuß hoch Schnee.
Zum ersten Mal den weißen Brocken gesehen; ich hatte zu
überspannte Begriffe von ihm gehabt. Die reizend zwischen
Klippen sich durchschlingende Bode machte diese Gegend noch
schöner. Sahen einen Auerhahn. Weil in Schierke nichts
zu bekommen, gingen wir um 2¾ weiter nach einem äußerst
elenden Dorf „Elend", wo wir auch fast nichts aßen. Von da
in sehr angenehmem Wege und Wetter nach Elbingerode, wo
wir um 7 ankamen. Im goldenen Hirschen Nachtquartier. Weißer
Bischof mittelmäßig."

— Mai 12. „Um 7½ in gar vortrefflichem Wege und Wetter,
zwischen Holz, auf hohen Bergen, nach Rübeland, eigentlich
Räuberland. Die Baumannshöhle besehen bis in die sechste.
Freilich schrecklich genug, aber die Phantasie wirkt auch. Der
Eingang romantisch schön, die umliegende Gegend ganz für sie
eingerichtet. Gebet des Führers. Frühstück bei ihm. Um 11
nach Blankenburg. Im goldenen Engel schönes Logis und
Essen sehr billig. Das Schloß besehen, die Marmor- und
Porzellan-Niederlage. Dose und andere Sachen gekauft. Um
7 weggefahren nach Wernigerode. Lebhaft traurig angenehme
Gedanken an den sel. Schütze, der hier geboren ward. Das
Logis in der Forelle recht gut."

— Mai 13. „Die Aussicht vom hohen Schloßplatze herunter besehen,
sehr schön; das Schloß sehr fest, der Thiergarten weitläufig.
Um 9 nach Ilsenburg. Logis im Stelzenkrug bedeutet nichts.
Auf schönem waldigen Wege nach Harzburg. Vorzu erstaunend
hohe Klippen. Hier erhob sich mein Herz; ich sah die alten
sächsischen Kaiser an diesem ihren Lieblingsort; ja fürwahr, die

Gegend war noch so, wie sie gewesen sein muß. Jeder alte Weg war mir daher heilig. Im Schützenhof Coffee und Pfingstkuchen, artige Wirthstochter. Man wies mir den Burgberg, eine halbe Stunde entfernt, wo die alte Harzburg lag. Ewig wird es mich dauern, aus Bequemlichkeit und Eile meiner Gefährten mich hier nicht in Kaisergedanken gesättigt zu haben. Wie das lag; o ihr grausamen Sachsen, warum einst diesen Ort zerstören? Von 5—8 in den reizendsten Gegenden nach Goslar; ich halb unmuthig, halb in die feierlichsten Gedanken vertieft. Unbeschreibliche Menge Berge, im Hintergrunde der Brocken. In Goslar bei Scheffler vortrefflich und billig logirt."

— Mai 14. „Morgens leider nur den mittelmäßigen Wall voll zahmer Rehe besucht. Nachmittags sahen wir die Ockerhütte in Arbeit, auf dem Rückwege den Klus, einen sonderbaren Felsen, zwei Capellen darin ausgehauen, unten und eine Etage hoch. In Goslar immer an einer sehr besetzten Tafel gegessen."

— Mai 15. „Morgens in den Rammelsberg eingefahren. Wahrhaftig, das Bergwerk muß jeder sehen, um Menschenelend und Menschenwerk zu sehen. Gegen 11 noch die Vitriolhütte besehen und so in den Dom, wo wir das schöne Gemälde am Altar von L. Cranach bewunderten. Vor allem aber fesselte mich der alte Kaiserstuhl. Nie war ich in so hohe Gedanken vertieft, nächst der Harzburg wie hier. Nachmittags wieder in den Dom, in Gesellschaft eines Canonicus die Capitel-Stube, vorzüglich Urkunden besehen, Alles von 913 und 937. Nachmittags des heftigen Regens wegen Whist gespielt und Kartenkünste gemacht. Die Goslarer Gose schmeckte mir nicht."

— Mai 16. „Morgens um 5 ging ich allein hin und betrachtete die Rudera der ehemaligen Kaiserlichen Burg, auch den alten Dom von Außen; feierliche Augenblicke. Um 7½ gingen wir nach

Clausthal, sahen mit vielem Vergnügen einen Schieferbruch. In
Zellerfeld die Münze besehen. Logirten in der Windmühle
recht sehr gut. Die Clausthaler Münze und die Silberhütte
sehr genau besehen."

— Mai 17. "Morgens die Georg Wilhelm und Dorothea Gruben
befahren, dann das Silberschmelzen in Zellerfeld. Nach Tische
nach Osterode gefahren, von da mit Extrapost nach Nordheim
und so in herrlichem Mondschein um 12 1/2 in Göttingen
angelangt."

(Die Ausgaben-Rechnung über diese Harzreise befindet sich genau
specificirt im Tagebuche. Die Gesammt-Ausgabe betrug 80 Thaler
3 Gr. 4 Pf., also für Jeden: 20 Thaler 10 Pfennige.)

— Juni 28. "Tour nach Pyrmont verabredet."

— Juli 4. "Mit Hartung, Sieveking und Sillm in Kochs
Chaise mit 3 Pferden um 11 Uhr die Badereise angetreten. Es
war sehr warm. In Nörten gesnapst, vorher Kirschen, in
Nordheim im weißen Schwan gegessen; in Eimbeck, auch im
weißen Schwan (unterwegs Whist gespielt, quit auf), Coffee
und etwas spaziert; dann nach Wittensen, drei starke Stunden,
kamen um 11 1/2 an; zuletzt zwei Stunden durch Wald, wobei
uns die vielen Johanniswürmchen, brennende Köhler-Meiler und
ungemein viele starke Blitze amüsirten. Der Weg sehr elend
zum Theil."

— Juli 5. "Morgens sehr schön, nur etwas heiß. Wir fuhren
über Scharf-Allendorf — wo ich voll von Gedanken war an
den campum Edistavisum, Arminium, Varum ꝛc. — nach
Grohnde an der Weser. Um 5 in Pyrmont. Der Weg hin
und wieder sehr gefährlich. Wir logirten bei dem Krämer
Seeboom jun., einem versoffenen Kerl, der aber eine sehr
gute Frau und niedliche Schwägerin hatte. Wir wurden sehr

billig behandelt. Einen Augenblick in die Comoedie, wo die sehr mittelmäßige Böhmische Truppe den Findling gab. Viel spaziert. Die Princeß Friederike ließ sich in der großen Allee couren. Pütter*) gesehen. Wir aßen zu Hause und ließen uns den schönen Hochheimer unseres Wirthes wohl schmecken."

— Juli 6. „Tranken um 7 Brunnen, dicht bei Friederike. Im Caffeehause Chocolade, herrlicher Sitz dort vor der Thür, um Welt zu sehen. Nun den Sauerbrunnen besucht und die Gegend Pyrmonts untersucht. Im Hause gegessen. Um 4 in die artige neue Oper „die Entführung aus dem Serail". Am Ende des zweiten Acts wieder spaziert bei schöner Illumination der großen Allee. Schade, daß der hohe Adel mit Wache umgeben war. Spät zu Bett."

— Juli 7. „Um 7 weg, über Steinheim, wo wir frühstückten, nach Meienberg, wo durch Umwege erst um 12½ anlangten. Viel häuslicher wie Pyrmont. Aßen gleich an der großen Tafel. Wehmüthige Erinnerung an meinen sel. Vater. Spielten zuletzt im Ballhause Tarock. Schöner Saal, aber keine hübschen Gäste. Abends gleichsam bei der Laterne spaziert."

— Juli 8. „Um 9 nach Brakel, einer ehemaligen Hansestadt; zum Beweis führte unser Wirth einen vor dem Hause aufm Markt befindlichen Roland an. Die Stadt hat 300 Feuerstätten, Ackerbau, Viehzucht. Wir logirten vortrefflich und billig, besahen die Kirche. Um 5 weiter über Holzhausen — zuletzt abscheulicher Weg — nach Mahlhausen, wo wir um 11½ anlangten, aber nichts genossen und Gott dankten, daß wir

---

*) Pütter beschreibt in seiner Biographie Pyrmont, welches er seit 1771 jährlich zur Kur besuchte, sehr ausführlich und theilt ein langes Namensverzeichniß der fürstlichen, gräflichen und sonstigen vornehmen oder berühmten Männer mit, welche er in Pyrmont gesehen.

— Juli 9. „Morgens um 2½ nach Hofgeismar fahren konnten, wo wir um 5¼ anlangten. Der wahre Weg von Meienberg hierher soll nur 7 starke Stunden sein. In Hofgeismar gut Logis und Table d'hote, aber schändliche Prellerei. Der Landgraf war mit seiner Maitresse, Gräfin Schlottheim, und ihrer Familie da, sehr ungenirt. Schöne Spaziergänge. Nachmittags in der Gallerie im Beisein des Landgrafen."
— Juli 10. „Um 5½ über Cassel nach Münden; um 9 in Göttingen."
— Juli 15. „Um 5, wie Schulz und ich von Lichtenberg kamen, sahen Professor Büsch ankommen. Ich um 6 hin, begleitete ihn etwas." (Am folgenden Tage heißt es: „Morgens Büschen gecourt; von 7—8 zum Abschied mit vielen bei ihm.")
— Sept. 6. „Opponirte Gütschow*) mit M. Canzler. Abends bei ihm mit diesem M. Seufert, Giese, v. Humboldt**) Lenz und Huschke. Eine außerordentlich angenehme Gesellschaft."
— Sept. 13. „Promovirte in Licentiatum. Gott gebe seinen Segen dazu. Abends bei Kellner mit meinen Freunden, u. A. Sieveking, Greve und Jochmus, den Opponenten (im Ganzen 16). Sehr vergnügt, punschten bis 3 Uhr."
— Sept. 15. „Aalsuppe ohne Aale bei Amsinck gegessen." (18. Sept. Amsincks Geburtstag.)
— Sept. 17. „Amsinck packte Nachmittags meine Kiste. Mit ihm (und Anderen) in Grohnde mit großem Jubel gebratene Gänse gegessen."
— Sept. 19. „Die Landsmannschaft gab mir einen Gegenschmaus. Ich gewann im L'hombre 11 doppelte Albus."

---

*) A. D. Gütschow aus Lübeck.
**) wahrscheinlich Wilhelm v. H., welcher zu jener Zeit in Göttingen studirte.

— Oct. 2. „Nachmittags Abschied, weil ich morgen reisen wollte. Abends kamen Evers (am 27. Sept. in Göttingen angekommen) und Amsinck zum Thee, spielten Whist, aßen bei mir; nachher kamen Sillm, Sieveking, persuadirten mich noch bis Montag zu bleiben."
— Oct. 5. „Nach Ellershausen zum Caffee. Nachmittags Abschied von dieser schönen, Schulzens und meiner Lieblingsaussicht."
— Oct. 6. „Um 9½ fuhr ich mit Extrapost mit Sillm, Amsinck und Hartung weg. Aßen in Münden, um 6 in Cassel, vorm Essen Thee getrunken, dann im Mondschein spaziert."
— Oct. 7. „Morgens um 10 Uhr mit der ordinären Post weg mit einem unbekannten Schweden, einem hessischen Wachtmeister, einem Gerichts-Procurator und einem artigen Marburger Burschen; diesen Tag als blind eine artige Frau. Ueber Wavern, Gabelsberg, wo ich um 11½ meinen Thee trank.
— Oct. 8. „Dritte Station: Holzdorf um 6. Stand diese Nacht viel aus von der Kälte. Dann weiter schöne Gegend an der Lahn. Vierte Station: Marburg; dort im Posthause zu Mittag gegessen. Die Gesellschaft schmolz sehr zusammen. Fürtreffliche Gegend bis Giessen, fünfte Station. Um 8 dort, in angenehmer Gesellschaft im Posthause gegessen. Ein Schwede, der die große Reise machen wollte und sich sieben Wochen in Hamburg aufgehalten hatte, discutirte bis 11. Schlief sehr gut."
— Oct. 9. „Um 9 mit Extrapost nach Wetzlar, herrliche Gegend, schöner Tag, aber gefährliche Passage durch die Lahn. Um 11½ angelangt, stieg ab im Kronprinzen und bekam Logis bei Waldschmidt im Rappen."

III. In Wetzlar.
October 1788 — April 1789.

In Wetzlar pflegten zahlreiche junge Juristen nach beendetem Universitäts-Studium auf längere oder kürzere Zeit sich aufzuhalten, um den Reichskammergerichts-Proceß an der Quelle kennen zu lernen. Die jungen „Practicanten" wurden von den am Gerichte angestellten Procuratoren in die Praxis des Reichskammergerichts eingeführt. Mönckeberg wandte sich an den Procurator von Bostel*), bei welchem er „Collegia" hörte und welcher ihn zugleich in zuvorkommendster Weise in die Gesellschaft einführte. Durch die große Zahl der beim Reichskammergericht beschäftigten Räthe, Assessoren und Procuratoren befand sich in dem kleinen Wetzlar ein Kreis angesehener, hochgebildeter Familien, von welchen die aus den verschiedensten Theilen Deutschlands stammenden Practicanten auf das Freundlichste aufgenommen wurden. Theater, Concerte und Bälle wechselten mit Mittags- und Abendgesellschaften, Spielpartien, Spaziergängen und Schlittenfahrten ab. Mönckeberg, welcher zum ersten Male in seinem Leben dem Kreise der hamburger Jugendfreunde entrückt war, scheint es nicht schwer geworden zu sein, sich in die ihm neuen geselligen Verhältnisse hineinzufinden. Ein eifriger Musikfreund und Tänzer, mit allen zu jener Zeit beliebten Spielen vertraut, machte er zahlreiche Bekanntschaften, in

---

*) von Bostel, Friedr. Jacob Diedr., J. U. Dr. war seit 1783 Hamburgischer Agent in allen beim R.-K.-Gericht anhängigen Processen der Stadt. Sein Vater war der Sohn des hamburgischen Senators Andreas von Bostel.

beren täglichem Umgange er sich sehr wohl fühlte. Hat das Tagebuch schon in den früheren Zeiten bisweilen sentimentale Anwandlungen gezeigt, die auf den Einfluß der Werther-Periode hinweisen, so ist es um so begreiflicher, wenn in Wetzlar — dem Schauplatz von Werthers Leiden — die Erinnerungen an den jungen Goethe eine bedeutende Rolle spielen und der — nach der Sitte jener Zeit — ungemein freie und ungenirte Verkehr mit den jungen Damen der Gesellschaft einen zärtlich-sentimentalen Character annimmt. Eine ziemlich ernsthafte Herzens-Affaire füllt, wie die nachfolgenden Auszüge zeigen werden, einen erheblichen Theil des Tagebuches aus.

1788, Oct. 11. „Machte Visiten, sprach den Procurator v. Bostel; Nachmittags mit dem Hofrath und Protonotar Emmerich*) nach Steindorf gefahren, sodann fast nach Garbenheim gegangen. Mein Mittagstisch kostet die Woche 3 Gulden, des Abends das Mahl 16 Kreuzer, der Wein jedesmal 3 Batzen. Mein Logis den Monat 8 Gulden, Lakei 1 Thaler, Canape 1 Gulden."
— Oct. 14. „Mittags bei Bostel gegessen in lustiger Gesellschaft; mit ihnen nach des Geh. R. Jülichs Weinberg spaziert, dort mit den sieben Fräuleins, dem Herrn v. Zwierlein und v. Bostel Weinlese gehalten, dann Klumpsack gespielt und erst um 7½ hereingegangen. Wie war ich mit den guten Mädchens seelenvergnügt. Zuletzt ein schönes Feuer-Amüsement."
— Oct. 16. „Frau v. Bostel ließ mich holen um 3, ging mit ihr und ihren Töchtern wieder nach Jülichs Weinberg. Wieder Weinlese. Mehr Gesellschaft, die uns nichts anging. Mit

---
*) Emerich, Fr. Joseph, schrieb M. in's Stammbuch: „fide, sed cui fidus, vide."

meiner vorgestrigen Gesellschaft gelebt, getändelt, wie vorher; nachdem die andern weggegangen wieder Klumpsack und Feuer."

— Oct. 17. „Mit dem Protonotar Emmerich und Schöne eine böse Art L'hombre gespielt."

— Oct. 19. „Hörte den reformirten Prediger, den besten der Stadt. Hätte über den Text „der Tag des Todes ist besser als der Tag der Geburt" nicht gut, wie er es that, sondern schön predigen müssen."

— Oct. 20. „Stieg nach Garbenheim (Werthers Wahlheim). Der alte Bostel war dort, zeigte mir seinen Garten, der hübsch war. Sein Haus ist das Haus, wo Werther (Göthe) so gern war; die schönen Linden noch da."

— Oct. 30. „In Gesellschaft beim Geh. R. Hoffmann. Tarock L'hombre mit den drei Demslles. Hoffmann und Dem. Haas; recht artig."

— Nov. 4. „Abends im Concert, nachher Tanz bei Bostel. Die Demslles. Buchholz, Jülich und viele schöne Fremde. Amüsirte mich vortrefflich."

— Nov. 5. „Kästner holte mich ab um 11½; wir, Bostels, Herr, Madame und eine Dem. gingen nach Garbenheim, aßen dort beim Pfarrer sehr vergnügt."

— Nov. 7. „Mein Geburtstag. Um 3 nach Abrede zum Pfarrer nach Garbenheim, um Kästnern zu besuchen."

— Nov. 8. „Erstes Winterconcert. Sprach viel mit Demslles. v. Sachs und v. Bostel. Mit dieser zu Hause, war bei ihr zum Essen genöthigt."

— Nov. 15. „Concert, wo ich mich königlich divertirte. Die zweite Buchholz sang sehr vortrefflich, ein gar artiges drolligtes Ding. Mit ihr, Lisette Bosteln (der ältesten), der dritten Buchholz und der Dem. v. Sachs hatte ich den ganzen Abend tausend

Spaß. Mir ward ein zerbrochener Fächer, Fingerhut und Dose in die Tasche gesteckt."

— Nov. 16 (Sonntag). „Von 10—11½ mit dem jungen Bostel Schach; um 12 zum Essen zu ihm, mit einem Aachener. Schäkerte vorzüglich mit der Hofräthin, einer vortrefflichen Frau. Um 4 ging ich weg."

— Nov. 19. „In Gesellschaft bei Hofrath Sippmann. Viel Spaß mit der ältesten Buchholz (einem in aller Rücksicht würdigen Frauenzimmer, die mich anredete wegen des Taschensteckens im Concert, wo alle mir bekannten Mädchen um wußten). Die Dem. v. Sachs machte meinen Haarbeutel los, der hinfiel."

— Nov. 20. „Gesellschaft bei Hofrath Schick. Kam nicht zum Spiel und amüsirte mich mit den Mädchen, aber aus bewegenden Ursachen nicht so heiter wie sonst, weil mein Herz nicht da war."

— Nov. 21. „Zu Hause fand ich meine Dissertation vor."

— Nov. 22. „Im Concert ganz ausschweifend lustig mit der zweiten Buchholz, Bostels, dem Frl. v. Hahn und dem Pfarrmädchen aus Garbenheim. Der morgende Ball stimmte uns so gut."

— Nov. 23. „Um 2½ zu Ball bei Herrn v. Bostel. Ich tanzte einen Cotillon von zehn Tours mit der zweiten Buchholz. Außerordentlich vergnügt. Der Spaß dauerte bis 8¼."

— Nov. 26. „Um 7 zur Redoute, wo nur zehn Damen waren, aber auch nur eben soviel Chapeaus und ich mich sehr schön bis 12 amüsirte. Nachher Thee."

— Nov. 27. „Zum Mittagessen bei Herrn v. Zwierlein mit lauter Practicanten. Fürstlich, aber steif und abominable."

— Nov. 29. „Im Concert wie gewöhnlich sehr vergnügt, vorzüglich mit der älteren Buchholz, u. A. Unterredung wegen Wohnen in Werthers Stube."

— Dec. 3. „Der kleine Bostel schachte bei mir; ich erhielt allerhand angenehme Nachrichten von der Buchholz."

— Dec. 13. „Um 4 nach Bostel, eine Stunde beim Alten (welcher krank war) dann brachte die Lisette (v. Bostel) nebst Rosine und Caroline Buchholz ins Concert. Sehr viel Spaß auch mit der Machenhauern, Abends mit den Frauenzimmern zu Haus, aß bei Bostels. Erstaunend vergnügt. Ward mit Rosine aufgezogen."

— Dec. 24. „Abends in starker Gesellschaft im Kronprinzen gegessen. Nach Tische geschacht und die Zeit verbracht bis 11½, dann in die Franciscaner-, Stifts- und Jesuiten-Kirche."

— Dec. 26. „Aß mit Rosine Buchholz und ihrem Bräutigam, Professor Voelkel aus Marburg, bei Bostel Mittags; saß bei dem göttlichen Mädchen, gab sie aber aus natürlichen Ursachen bei der neuen Entdeckung ganz auf. Sie invitirte mich Abends mit nach Pfarrer Machenhauer zu gehn. Ich ging nach Tisch zu Buchholzen, amüsirte mich mit den Mädchen königlich bis gegen 4, nun wir alle nach Machenhauer, tanzten und waren himmlisch vergnügt bis 8. Das war gelebt. Caroline sang und spielte „Wenn Stürme". Ich beredete sie, es im Concert zu singen."

— Dec. 27. „Abends Concert, sehr ansehnlich an In- und Ausländern, die die Ferien hier zubrachten. Wieder göttlich divertirt, weil alle meine Mädchen da waren."

— Dec. 30. „Armen-Concert, erstaunend voll und glänzend und so auch mein Vergnügen. Rosine fehlte, welches mir sehr lieb war. Lisette ward eines Haarzopfes beraubt."

1789, Jan. 2. „Hals-Erkältung, daß ich den ganzen Tag nicht sprach und nicht aß. Gleichwohl zu Chocolade und Tanz um 3 nach

Dr. Held*), wo Buchholz, v. Postels u. A. waren. Hatte doch viel Vergnügen, tanzte Cottillon mit Caroline."
— Jan. 6. „Bis dahin an Erkältung zu Bett."
— Jan. 19. „Nöthigte die Postels zur Redoute."
— Jan. 21. „Große Redoute, wo die ganze schöne Welt von Wetzlar versammelt war, 125 Personen stark. Um 6³/₄ holte die zwei älteren v. Postel ab. Tanzte den ersten und fünften mit der älteren, den zweiten und vierten mit der zweiten und den dritten Tanz mit der dritten. Den Cottillon und sechsten saß der älteren zur Gesellschaft, die nicht durfte, still."
— Jan. 24. „Unterhielt mich im Concert außerordentlich mit Caroline Buchholz, die mir immer interessanter ward. Rosine war auch da, (mit der ich aber nicht mehr so viel sprach wie gewöhnlich) Lisette von Postel auch; das liebe Mädchen schien mir noch so gut zu sein. Die Caroline sang die Arie „Wenn Stürme" aus König Theodor zum Entzücken schön, lieh sie mir zum Abschreiben. Brachte Lisette und Caroline zu Hause."
— Jan. 27. „Der fürchterlich drohend sich nähernde Eisgang veranlaßte fürchterlich schöne Spaziergänge an der Lahn und dem Lahngässer Thore."
— Jan. 30. „Zum Lahngässer Thore hinaus spaziert; lernte Buchholz Garten von Außen kennen."
— Jan. 31. „Rosine und Caroline Buchholz waren im Concert; letztere gab mir Erläuterungen über die abzuschreibende Arie, bot sie mir zum Geschenk an. Mit Carolinen eine so feurige Unterhaltung und dabei so zärtlich, daß ich wieder gefangen bin. Nachher im Kronprinzen sehr vergnügt mit v. Borbeck, v. Motz**) u. A."

---

*) L. Held, Med. Dr.
**) v. Motz, F. B. C. Th. aus Castell.

— Feb. 1. „Abends mit vieler Gesellschaft auf dem Matratzenball."
— Feb. 2. „Um 2 nach Dr. Held, dort bei Chocolade im L'hombre 2 Thaler gewonnen. Nach 5 in eine große Gesellschaft von 70 Personen bei Hofrath Brack, wo unter Anderen Rosine und Caroline Buchholz. Spielte nicht, unterhielt mich aber vortrefflich. Die liebe Caroline erbot sich mir die Arie abzuschreiben, weil ich nicht fortkommen möchte wegen des Violin-Schlüssels. Ich nahm es an, um zu ihrem Andenken etwas zu erhalten."
— Feb. 3. „Um 8 kamen (sieben namentlich aufgeführte Herren) zu einem Theeclub, den ich auf alle Dienstag um diese Zeit festsetzte."
— Feb. 7. „Im Concert. Einer der angenehmsten Abende meines Lebens. Caroline! Caroline und Lisette versprachen mich zu engagiren mit Nette Horneck*) auf den Cotillon der letzten Reboute; mit Lisette den zweiten Contredance, mit Caroline den dritten auch. Ich führte beide zu Hause."
— Feb. 9. „Lernte Hofrath Buchholz**) kennen. Caroline schickte mir die Arie „Wenn Stürme."
— Febr. 14. „Letztes gewöhnliches Concert. Mit Rosinen, Caroline Buchholz, Lisette Bostel, Dore Machenhauer, die drei Wochen abwesend gewesen und die ich mit Freuden wieder sah, der Demslle. Horneck, meiner fremden Cotillon-Tänzerin, mich gar angenehm unterhalten."
— Feb. 17. „Abends Nachricht von einer im Buchholz' Hause veranstalteten und herrlich ausgeführten Intrigue, auf der folgenden Reboute eine seizo zu tanzen."

---

*) auf dem Stammbuchblatte nennt sie sich Johanna Hornig.
**) Buchholz, Joh. Aug., J. U. Dr., Procurator am K.-K.-Gericht, bisweilen in hamburgischen Processen dem Dr. von Bostel substituirt.

— Feb. 18. „Probe zur seize. Abends auf der Reboute wurde sie ganz vortrefflich und zur Beschämung aller übrigen exequirt. Die Reboute voller als je; alles war da, außer Rosine. Blieb bis 3. Königlich mit meinem Bauermädchen divertirt. Caroline in der seize mir zur Liebe."

— Feb. 21. „Enslin gab ein Concert, wo wieder alle meine Freunde. Caroline sang „das Lob der Freimaurer" von Mozart, schöne Composition; sie war etwas enrhumirt. Erhielt Erlaubniß sie zu besuchen. Zärtliche Unterredung mit ihr. Malte mir ein Vergißmeinnicht in die Hand. Führte sie und Lisette zu Hause."

— Feb. 23. „Um 3 nach Buchholz und dort in recht vergnügter Unterhaltung mit den Mädchen bis 7."

— Feb. 24. „Ging eines Hustens wegen nicht auf die letzte Reboute, die ganz vortrefflich gewesen sein soll. Die Frau v. Bostel und Tochter, Caroline Buchholz, Nette Horneck, Machenhauers, alle als Masken. Rosine unmaskirt, nicht getanzt."

— Febr. 27. „Große Gesellschaft bei Bostel. Außer den Assessoren waren von meinen Leuten Viele da. Spielte tarocq hombre mit der zweiten Hoffmann, Caroline, die moitié mit Lisette war, und v. P. Ich machte moitié mit der Horneck und amüsirte mich ganz ungemein."

— März 2. „Führte die Hofräthin Bostel und Lisette in die Comoedie, wo „die Kaminfeger", ein dummes Ding, der schönen Musik nicht werth, gegeben wurde."

— März 3. „Um 4 zum Ball nach Held, wo u. A. Prof. Voelkel, der Rath in Cassel und Bibliothekar geworden. Sprach über eine Stunde allein mit Caroline, worüber andere schäferten (während des Walzens; C. saß still, Held forderte sie nicht auf, so sehr ward es bemerkt). Um 10 führte Caroline und Friederike v. Bostel zu Haus. Ein göttlich verlebter Abend."

— März 5. „Um 4 nach Buchholz. Rosine war besonders aufgeräumt und freundschaftlich gegen mich."

— März 6. „In die Comoedie: „Der eingebildete Philosoph" und ein Ballet „Weiß und Blau oder das zerrissene Halstuch."

— März 8. „Ball bei Bostel von 4—10. Tanzte No. 2 und No. 5 mit Caroline B. Amüsirte mich ganz unvergleichlich. Vorzüglich zärtlich mit Caroline."

— März 12. „Um 4 nach Buchholz (Rosine hatte mich zur Chocolade invitirt wegen ihres Namenstages). Amüsirte mich recht schön. Nachher mit Caroline vor der Thür eine Musik angehört, die wir machen ließen."

— März 14. „Um 3½ nach Buchholz, welche ich insgesammt und die Horneck in die Comoedie „Romeo und Julia" führte. Saß hinter Caroline, der ganze Zirkel war da."

— März 18. „Führte die Hofräthin v. Bostel und ihre zweite Tochter in die Comoedie „Sophie oder der gerechte Fürst" und ein Ballet auf den morgenden Namenstag des Kaisers."

— März 19 (Josephustag). „Viele Feierlichkeiten wegen des kaiserlichen Namensfestes."

— März 21. „Führte Lisette v. Bostel in die Comoedie „Figaros Hochzeit" (am Tage vorher war „der Barbier von Sevilla" gegeben). Saß zwischen ihr und Caroline Buchholz. Einer der seligsten Abende, so Hand in Hand mit C. und so lebhafte Unterredung. Führte beide nach Hause und aß Abends bei Bostel mit Minchen aus Garbenheim. War außerordentlich aufgeräumt, scherzte noch nach Tisch viel mit den Mädchen und ward auf morgen Mittag invitirt."

— März 22. „Aß bei Bostels, dann zu Buchholz, wo tausend Spaß getrieben wurde. Rosine B. hat mir einen dänischen Ducaten zum Umtauschen gegeben, den ich zu ihrem Andenken Zeitlebens behalten werde."
— März 30. „Mit vier Herren nach Weilburg gefahren; Einer ritt abwechselnd. Aßen dort; Frühstück in Braunfels; Nachmittags in Oberndorf eingekehrt."
— April 1. „Führte Frau v. Bostel in die Oper „Günther von Schwarzburg". Saß bei meiner lieben Caroline und vergnügte mich vortrefflich mit ihr. Illumination zu Ehren des kammerrichterlichen Namenstages."
— April 4. „In die Comoedie „die Liebe im Narrenhause". Entsetzlich voll. Führte Caroline allein hin und her, saß zwischen ihr und Lisetten. Wie selig war ich."
— April 5. „Große Gesellschaft im Kronprinzen. Held mein Gast. Setzten uns mit Emmerich am L'hombre und konnten vor 9 nicht aufhören. Abscheulicher Zeitverderb."
— April 7. „Letzte Collegien-Stunde bei Bostel. Um 5½ ins Oratorium „die Israeliten in der Wüste", sehr leer. Herrlicher Abend, sehr schwermüthige Abschiedsgedanken."
— April 8. „Morgens allein nach Garbenheim. Schnitt meinen Namen ein in der obern Stube linker Hand unterm Spiegel. Um 4 ging den Buchholzen nach zum Silberthor hinaus und spazierte mit Caroline bis 5."

Am 9. April wurde eine Reise nach dem Rhein angetreten. In Frankfurt, wo gerade Messe war, wurde das Logis im weißen Schwan „ganz gut und sehr billig" gefunden. Am 10. April, Charfreitag, war Aufführung des „Stabat Mater" im Rothen Hause. Am ersten Ostertag kamen einige von den Hamburger Freunden, zwei Amsincks, zwei Rückers u. A. nach Frankfurt, mit denen ein Ausflug

nach Hanau gemacht wurde. Am 16. ging die Reise mit dem Markt-
schiffe nach Mainz („sah den Rhein zum ersten Male"), am folgenden Tag
„in einem Privat-Nachen mit Cöllnischen ansehnlichen Leuten und einigen
patribus" nach Bingen und am 18. nach Coblenz, („welch Vergnügen
die vielen alten Schlösser am Rhein zu sehen; in St. Goar schöne
Salmen gegessen"), welches dem Reisenden mißfiel, während ihm Neuwied
sehr gefiel. Am 20. April ging es mit Extrapost über Montabaur,
Limburg und Weilburg nach Wetzlar zurück.

— April 21. „Machte Visite bei Bostels und Buchholz. Ging
 um 1½ allein mit Caroline, Lisette, der Horneck, Sophie
 Buchholz und Friederike Bostel über Garbenheim, Dorle
 nach Atzbach. Dort unter einer Linde waren einige Giesser
 Frauenzimmer, die die Horneck abholten. Versprach ihr sie zu
 besuchen. Dann nach Dorle, wo Milch und Butterbrod mit
 Honig im Garten. Tausend Spaß. Wollte mir eine Laube,
 in der ich gefangen war, übern Kopf einwerfen. An der Lahn
 verließ uns Lisette, die in Atzbach blieb. In Garbenheim
 verweilten uns lange in Bostels Garten. Bei Voelkels Ruh
 schnitt meinen Namen ein. Caroline wies mir ein Paar
 Bäume auf einem Berge, wo ihr Name eingeschnitten war.
 Um 7½ in der Stadt."

— April 22. „Morgens bei dem lieben, todtkranken Schöne*), wie
 jeden andern Morgen. Nachmittags nach Hahns, wo Sophie
 Buchholz war und ihre Schwestern holen ließ. Den Nachmittag und Abend unter tausend Spaß und zärtlichen Unterredungen verlebt. Führte C. zu Hause."

---

*) D. Schöne, J. U. Dr., aus Bremen, starb nach einer Notiz M.'s auf dem
 am 18. April datirten Stammbuchblatt schon 12 Tage später an der Schwindsucht.

— April 23. „Mein Namenstag. Ging hinaus auf den Platz, wo Caroline mich ehegestern hingewiesen hatte und vollendete den gestern angefangenen Einschnitt meines Namens, dicht unter Carolinens. Es ist der mittlere von den drei dort befindlichen Bäumen. Um 1½ zum Coffee auf den Garten nach Buchholz. Hatten königliches Vergnügen. Schnitt auf der Wiese meinen Namen in einen Baum und Caroline nicht weit davon ein brennendes Herz."

— April 24. „Um 3 nach Buchholz. Caroline sang „O meine Nina", „So wird er kommen", die erste Arie aus Romeo und Julie und die, wenn sie in die Gruft steigt. Nachher zu Hahns. Erst ungemein Spaß. Las Collegien über die platonische Liebe, spielte den Schulmeister. Nachher die zärtlichsten Unterredungen. Sophie Hahn, Caroline, Lisette, Sophie Buchholz gaben mir die Hand darauf, mir mit dem ersten Cammerboten jede etwas zu schicken. Auch Rosine gab mir die liebe Hand darauf. Welche Seligkeit! Alles war gerührt. Welch sanftes Händedrücken. Wir sangen „die bange Abschiedsstunde naht", andere Abschiedslieder und Gesänge. Gott! dies das non plus ultra. Wir sangen auch „Wenn der Herzgeliebte erscheint", C. und ich allein; nachher Alle „Wie groß ist des Allmächtigen Güte."

— April 25. „Ging im Regen, Morgens um 7 nach dem Stoppelberg, herrliche Aussicht. Suchte die Namen meiner lieben Freundinnen, fand sie mitten in der großen Laube in einem Baum; schnitt J. G. M. mitten auf den Tisch und oben in der Stube, wo sie getanzt haben, auf den Tisch ein M. ein. Aß Mittags bei Bostel. Ging gleich nach Tisch zu Buchholz mit Bostels, dort bis 5. Caroline sang „So wird er

kommen" u. A. Wie freundschaftlich Alles war. Um 5 führte
die drei Buchholzen und zwei Bostels in die Oper „Cora".
— April 26 (Sonntag). „Sah die Communion der confirmirten
Mädchen. Um 9 nach Buchholz zur Chocolade. Ich war
sehr traurig. Es ward gesungen, getanzt, ich führte mit
Rosinen auf und tanzte mit Carolinen einen Cottillon.
Dann spielte zwei Parthie Dame mit Caroline. Um 12 zu
Hause. Um 2½ wieder zu Buchholz auf den Saal. Rosine
und Caroline sangen zusammen und abwechselnd und ich mit
ihnen, fast alle bekannten Lieder. Gegen 5 kam Dr. Held und
B. Wir tanzten einige Tänze, ich mit Dore einen Cotillon,
mit Sophie Hahn eine Anglaise und die letzte mit Caroline.
Ich führte alle auf. Caroline sang gegen 7 wieder, unter
andern: „Wer ein Liebchen hat gefunden", „Im Mohrenland"
und auf mein Begehren „die bange Scheidestunde". Ich ward
sehr bewegt; dann im Schummern eine zärtliche Unterredung
mit Caroline, Lisette und Sophie Hahn. Zuletzt, Ich:
„werde ich Sie morgen noch sehn?" Caroline: „nein."
Ich: „So muß ich ja jetzt Abschied nehmen." C.: „Es gehe
ihnen beständig wohl und glücklich". Nun ich Carolinen
Hand und Gesicht geküßt und dann ebenso in der Reihe die
übrigen. Stummer schmerzlicher Abschied. Ich hörte um mich
herum schluchzen und entfernte mich wehmuthsvoll. Gott, wenn
ich sie doch, wie ich es wünsche, wiedersehen könnte!"
— April 27. „Um 4¼ in dunkelm Wetter hinaus zum Lahngässer
Thor. Schnitt auf Buchholzens Wiese erst in die Garten-
planke meinem Versprechen gemäß J. G. M. ein und sodann
auf einer Pappel über Carolinens Namen. Ging sehr gerührt
hinein. Um 9½ zu der alten Buchholz, die Töchter waren
in der anliegenden Stube; nahm Abschied, wir waren beide sehr

gerührt; die Stimme verging mir fast. Dann Abschied von der Hofräthin Bostel ebenso; dann zu Machenhauers, unterhielt mich eine halbe Stunde allein mit Dore und dann in Gesellschaft der Eltern. Die lieben Leute! Held war Mittags mein Gast, ich war sehr betrübt. Um 3 zu Hahns, Sophie war allein da; Caroline war nach Tisch dagewesen und weggegangen, weil sie mich nicht mehr sprechen konnte vor Betrübniß. Sie ließ mir noch so innig alles mögliche Wohl wünschen. Ich blieb fast eine Stunde, konnte mich der Thränen nicht enthalten. Sophie versprach mir die Silhouetten zu schicken. Ich gewann sie so lieb. Sie zweifelte, ob ich ihren Zirkel so lieben könnte, wie er mich liebte; welche Worte! Abschied: behalten Sie mich in Ihrem lieben Andenken und — Carolinen. Dies nach einem festen Händedruck und Kuß auf Hand und Antlitz. Nach 4 in den Kronprinzen, der Wagen fuhr vor. Held hatte mir versprochen von jedem Gerücht in Ansehung C. mir Nachricht zu geben; er versprach es noch einmal und zuletzt beim letzten Abschiedskuß, wie ich schon im Wagen war, rief er mir zu: es bleibt bei unserer Abrede. Vorbeck und Wachs fuhren mit bis Giessen; die wärmste Unterredung; sie hatten meine Liebe längst errathen. In Giessen gingen wir zu Hornecks; ich nahm Abschied von Nette; sie gab mir das Stammbuchblatt*). Zärtlicher Abschied von den Anderen. Fuhr mit dem Waldecker

---

*) Von den sämmtlichen im Tagebuche erwähnten jungen Damen sind Stammbuchblätter erhalten. Caroline Buchholtz schrieb: „zum Andenken von ihrer wahren Freundin" die folgenden Verse:
O Freund, Dich führ auf sichern Wegen
Die Vorsicht jedem Glück entgegen,
Das Deines Wunsches Inhalt ist:
Daß um Dich stets die Freude wohne,
Und Dich die Tugend so belohne,
Wie Du der Tugend würdig bist!

Hofcourier Cramer und zwei Studenten um 8 nach Marburg. Nette stand am Fenster; im Schummern noch so ein freundliches Compliment; das Licht ließ mich sie erkennen."

— April 28. „Mit dem Hofcourier per Extrapost nach Cassel, wo wir um 5 anlangten. Besuchte Professor Boeckel auf dem Museum, nahm Abschied von ihm."

— April 29. „Morgens um 3 Uhr kam in der Stadt London zu Göttingen an."

In Göttingen wurden noch einige frohe Tage mit den alten Freunden Sieveking, Sillem, Boutin, Anckelmann, Rücker und Evers, sowie mit Bartels*), der nach G. gekommen war, verlebt, Visiten bei einigen Professoren (Pütter und Martens) gemacht, Abschied genommen von den Familien Bornemann und Alberti, welche sich während der ganzen Universitätszeit sehr freundlich erwiesen hatten; sodann ging es am 3. Mai gegen 4 Uhr Morgens mit einer Retour-Chaise nach Hannover und „Tag und Nacht durchgefahren" über Celle und Zollenspieker nach Hamburg (Ankunft den 5. Mai 1789, 4 Uhr Nachmittags).

Das Tagebuch enthält nur noch wenige Eintragungen, welche aber für die Stimmung, in welcher sich der Verfasser nach der Rückkehr in seine Vaterstadt befand, sehr bezeichnend sind.

— Mai 10. „Bei Feils auf dem Garten zum Essen; welch ein Unterschied im gesellschaftlichen Tone."

— Mai 15. „Heute zuerst auf dem Rathhause."

---

*) J. H. Bartels, der spätere Bürgermeister, geb. 1761, hatte zuerst Theologie studirt, war 1784 Candidat geworden, studirte dann 1787—1790 in Göttingen die Rechte.

— Mai 24. „Mit Mieken nach Harvestehude. Namen eingeschnitten in der einsamen Laube, verschlungen C. M. B., welches alles vereinigt. Das soll mein Lieblingsgang werden."
— Juni 8. „Außer einigen Spaziergängen ennuyirte mich entsetzlich."
Die letzte Notiz, mit welcher das Tagebuch abbricht, lautet:
— Juni 30. „In der Oper „Romeo und Julie"

Anhang.

Aus dem späteren Leben des Tagebuch-Schreibers.

Aus den nächsten Jahren, von 1789 bis 1794, ist uns wenig über Mönckeberg's Leben bekannt. Seine späteren glänzenden Erfolge in der Advocatur lassen auf Vorbereitungsjahre voll ernster Arbeit schließen. Im Hause der verwittweten Mutter wohnend, lebte er in freundschaftlichem Umgange mit den Schul- und Universitätsfreunden und verkehrte zugleich als gerngesehener Gast in weiten Kreisen der hamburgischen Gesellschaft.

Im Jahre 1790 begründete M. mit den auch im Tagebuche genannten Freunden Bartels, Sieveking, Sillem, Greve, Hartung und Anderen die noch heute bestehende „Literarische Lesegesellschaft". Ein academischer Club, dem u. A. die späteren Pastoren Evers, Rentzel und Amsinck angehörten, vereinigte einen Theil der Universitätsfreunde bis in ihr höheres Alter zu fröhlicher Geselligkeit.

Am 1. Mai 1794 verheirathete M. sich mit Catharina Magdalena Graepel, der ältesten Tochter des Geldwechslers Franz Christian, eines Bruders des späteren Senators Johann Gerhard Graepel. Am 9. August desselben Jahres wurde er zum Adjuncten des seit 1765 als Protokollist der Commerz-Deputation fungirenden Notars Surland und am 16. August vom Prorector der Göttinger Universität, dem

Kaiserlichen Pfalzgrafen-Hofrath Feder, zum Kaiserlichen Notar *) ernannt. Obwohl er seine amtlichen Functionen am Commercium erst mit Beginn des Jahres 1795 antreten sollte, machte er sich doch vorher schon der Deputation durch Abfassung verschiedener Eingaben so nützlich, daß ihm auf Antrag des Präses unter dem Ausdruck besonderer Anerkennung eine Gratification von 50 holländischen Dukaten bewilligt wurde. Die dem Protokollisten des Commercii obliegenden Functionen umfaßten nach der im Jahre 1794 festgestellten Instruction, außer der Verpflichtung täglich von 10—2 und mit Ausnahme von Mittwoch und Sonnabend auch von 3½—5 Uhr am Commerz-Comptoir anwesend zu sein, die Protokollführung in den Sitzungen, die „Assistenz und Berathung" der jährlich wechselnden Praesides der Deputation, die Anfertigung aller von der Deputation an den Senat oder wen sonst zu richtenden Eingaben und Aufsätze, die Besorgung mannichfaltiger mit der Verwaltung der Börse und des Maklerwesens zusammenhängender Geschäfte, die Verwaltung der Commerzbibliothek und endlich auch die Ausfertigung und Beglaubigung von Schiffsdocumenten, Makler-Attesten u. dergl. Für die Uebernahme dieser Arbeiten erhielt Mönckeberg „so lange der Seekrieg fortdauert" ein Gehalt von 400 Reichsthalern, welches nach beendigtem Kriege, wegen des alsdann eintretenden Fortfallens erheblicher Gebühren auf 500 Thaler erhöht werden sollte. Nach Surland's Rücktritt im Jahre 1797 wurde das Gehalt auf 800 Thaler und im Jahre 1802 „wegen des Friedens", aber nur für M. persönlich in Anerkennung seiner besonderen Verdienste, auf 5000 Courant Mark erhöht. Außer diesem Gehalte bezog M. von der Commerz-Deputation noch ferner 200 Thaler jährlich für seine „Bemühungen bei der Policen-Abgabe". Die von ihm zu erhebenden Gebühren, insbesondere für

---

*) M.'s Notariats-Siegel zeigt einen Dreimaster mit der Ueberschrift „Tandem." Bei Unterzeichnung des Contracts mit der Commerz-Deputation bediente er sich außerdem seines Privat-Petschafts mit dem M.'schen Wappen, welches hier zuerst nachzuweisen ist.

Durchsicht und Attestirung der Schiffspapiere in Kriegszeiten, erreichten im Laufe der Jahre eine solche Höhe, daß sich die gesammte Amtseinnahme des Protocollisten des Commerciums nach M.'s eigenhändigen Aufzeichnungen bis zum Jahre 1810 durchschnittlich auf 11000 Courant Mark (im Jahre 1801: 14309 Courant Mark, im Jahre 1806: 15325 Courant Mark) belief. Als Hamburg französisch geworden war, ernannte die neu constituirte Commerz-Kammer M. zum Sécretaire Archiviste und Bibliothekar. In dem betreffenden Protocolle vom 21. Sept. 1811 heißt es, daß die Kammer vorläufig kein Honorar versprechen könne, da Alles von der Zustimmung des Praefecten und des Kaisers abhange. M. erhielt dann für das Jahr 1812 ein Gehalt von nur 2702 Courant Mark 11 Schilling. Nach der französischen Zeit trat er in sein früheres Gehalt bei der Commerz-Deputation wieder ein; die Gebühren-Einnahme war aber soviel geringer geworden, daß das Gesammt-Einkommen des Protokollisten hinfort nur ca. 7000 Courant Mark betrug. Da demselben aber auch die Betreibung des Notariats und der Advocatur, soweit dieselbe mit seinen amtlichen Pflichten nicht collidirte, gestattet war, hatte er sich eine ausgebreitete und lucrative Praxis, namentlich in handelsrechtlichen Streitsachen zu erwerben vermocht. Allmählig zunehmend betrugen M.'s Einnahmen aus der Advocatur im Jahre 1802 schon über 10000 Courant Mark, stiegen im Jahre 1806 auf 26682 Courant Mark, im Jahre 1810 auf 33399 Courant Mark, bis sie im Jahre 1818 ihren Höhepunkt mit 52000 Courant Mark erreichten. Seit Anfang dieses Jahrhunderts zählte Mönckeberg unzweifelhaft zu den geachtetsten Advocaten der Stadt. Am 9. November 1811 leistete M. vor den unter dem ersten Präsidenten de Serre vereinigten Kammern der Cour Impériale de Hambourg den Eid als avocat, dessen Ableistung auf dem vorher vom Procureur général visirten Licentiaten-Diplom vermerkt wurde. Am 15. Februar 1813 — also unmittelbar nach der am 11. Februar erfolgten Einsetzung des Gerichts und wenige Wochen vor der ersten Befreiung Hamburgs durch die Russen — wurde er vom Handelstribunal (Präsident: der frühere Senator Schulte, Richter: der frühere Senator Westphalen) als provisorischer greffier des Tribunals zugelassen und beeidigt. Während der unfreiwilligen Muße, welche ihm in diesen Jahren, trotz seiner verschiedenen Aemter, durch das Darniederliegen des Handels und insbesondere durch die Belagerung der Stadt geboten wurde, verfaßte er auf Veranlassung der Commerz-Deputation eine Geschichte der Hansa, welche sich im Manuscript auf dem Stadtarchiv befindet.

Nach der ersten Befreiung Hamburgs — März 1813 — verlangte der russische Oberst Tettenborn (ohne Zweifel veranlaßt durch eifrige hamburgische Patrioten, vor Allen den bekannten Dr. von Heß), daß eine Commission zur Revision der alten hamburgischen Fundamentalverfassung eingesetzt werde. Unter den 15 Männern, welche Tettenborn als Mitglieder für diese Commission — auf deren Einsetzung der Senat übrigens nicht einging — in Vorschlag brachte, befand sich auch Mönckeberg. Und als im folgenden Jahre die Franzosen Hamburg endlich definitiv verlassen hatten, wurde er am 27. Mai 1814 durch das Vertrauen seiner Mitbürger in die aus 20 Mitgliedern bestehende Reorganisations-Deputation gewählt, welche mit dem Senate über die „in Folge der Zerrüttung und Verwirrung, in welcher sich fast alle Zweige der öffentlichen Verwaltung befinden" erforderlich werdenden schleunigen Anordnungen und Verfügungen verhandeln sollte. Da M. der einzige Jurist war, welchen die Bürgerschaft in diese Deputation abgeordnet hatte, führte er das Protocoll in derselben und verfaßte er die unter dem Namen des Testaments der Zwanziger bekannten, die Verfassung und Verwaltung betreffenden Vorschläge, mit deren Ueberreichung die Deputation ihre Thätigkeit beschloß. Als der Professor der Geschichte am Akademischen Gymnasium, Wurm, 14 Tage nach dem großen Brande in einer patriotischen Flugschrift („Ein Wort an meine Mitbürger von C. F. Wurm. Hamburg, 1842, den 18. Mai".) die Niedersetzung einer außerordentlichen

Deputation befürwortete, um die durch den Brand erforderlich gewordenen Maßregeln in Erwägung zu ziehen, deutete er auf jene Zwanziger Deputation hin mit den Worten:

„Von allen Verbesserungen, die seit 1814 ins Leben geführt sind, die bedeutendsten waren im Keim schon in jenen, ihren Vorschlägen enthalten."

Als dann im folgenden Jahre (März 1815) die Senats-Anträge betreffend die Organisation sämmtlicher Gerichte und betreffend die Notariatsordnung von der Bürgerschaft an eine aus drei graduirten und zehn kaufmännischen Mitgliedern bestehende Deputation verwiesen wurde, befand sich Mönckeberg wiederum unter den bürgerschaftlichen Deputirten. Bei diesem Senatsantrage kamen eine Reihe wichtiger Fragen in Betracht, z. B. die Beibehaltung des Handelsgerichts, das mündliche Verfahren, die Einrichtung der Appellations-Instanz, über welche die Meinungen weit auseinander gingen und welche für den erfahrenen und vielbeschäftigten Advocaten vom größten Interesse sein mußten. Was speciell die Beibehaltung oder Wiederabschaffung des von den Franzosen eingeführten mündlichen Verfahrens im Handelsgericht anbetrifft, so hatte M. zu den Unterzeichnern der am 1. September 1814 von 19 der angesehensten Advocaten dem Senate überreichten Bittschrift gehört, in welcher mit großer Wärme gegen das von den Franzosen eingeführte Verfahren protestirt wurde. (Die Eingabe schließt mit den Worten: „nach der Leipziger Schlacht muß auch kein Deutscher mehr plädiren!") Da M. sich gerade im mündlichen Verfahren vor den meisten seiner Collegen auszeichnete und in einem wenige Jahre später an seinen ältesten Sohn geschriebenen Briefe die überwiegenden Vorzüge dieses Verfahrens nachdrücklich betonte, wird man annehmen dürfen, daß die erwähnte Eingabe der Advocaten wenigstens bei einem Theile der letzteren mehr durch den patriotischen Widerwillen gegen alles Französische, als durch eine objective Prüfung der Vortheile und Nachtheile des einen oder des anderen Verfahrens hervorgerufen war.

Auch als es sich im Jahre 1818 um die Einsetzung des Lübecker Oberappellationsgerichts handelte, wurde M. mit Nentzel (dem damaligen Präses des Handelsgerichts) und Schaffshausen (dem späteren Präses des Niedergerichts) von der Bürgerschaft in die Commission erwählt, welche mit dem Senate über die einzuführende Oberappellationsgerichts-Ordnung verhandeln sollte.

Wenn M. bei all dieser Thätigkeit als Mitglied der Bürgerschaft, Secretair des Commerciums und als vielbeschäftigter Advocat noch die Zeit fand für die Verwaltung der Commerzbibliothek Bedeutendes zu leisten und die eigene Büchersammlung mit stets gleichbleibendem Eifer zu vermehren, so erklärt sich dies aus dem von frühester Jugend an gepflegten Interesse für diese Lieblingsbeschäftigung. Ein im Jahre 1855 in der Zeitschrift für Bibliothekwissenschaft ec. „Serapeum" erschienener, von dem Secretair der Stadtbibliothek Dr. F. L. Hoffmann verfaßter Aufsatz schildert M. als Bibliothekar und zugleich als einen der hervorragendsten hamburgischen Bibliophilen. Es heißt dort: „Er war auf dem Gebiete der Bücherkunde einheimisch, wie Wenige; eine seltene Gedächtnißkraft begünstigte und erleichterte seine bibliographischen Forschungen. Es gewährte ihm Freude nachzuweisen, wo die bekannten Lexika eine typographische Seltenheit irrthümlich oder unvollständig beschrieben. Die Vorsatzblätter vieler seiner Bücher versah er mit oft ausführlichen und interessanten Notizen. Seine Bibliothek war die einzige ihrer Art in Hamburg. Ein bestimmter Plan lag seinem Sammeln nicht zu Grunde; er vermehrte seine Bücher, wenn sich dafür eine gute Gelegenheit fand und freute sich immer, daß er seine seltenen Werke „so spottwohlfeil" gekauft habe. Die Zeitverhältnisse trugen sehr viel dazu bei, daß ihm dies möglich wurde. Aber seiner Aufmerksamkeit entging auch keine Bücherauction im In- und Auslande und er erwarb sich, soviel er konnte, was nicht für die Commerz-Bibliothek gehörte."

In ähnlicher Weise sammelte M. auch seltene Münzen und Medaillen und da er alle seine Liebhabereien stets mit Eifer und Glück betrieb, galt er bald für einen Kenner auch dieses Faches.

Am 4. December 1826 wurde M. zum Senator erwählt, nachdem er, wie durch eine Indiscretion bekannt geworden, bereits im Jahre 1807 und sodann mehrmals im Loose gewesen war. Noch 15 Jahre lang war es ihm vergönnt, an der Regierung seiner Vaterstadt theilzunehmen. Wie geachtet seine Stellung im Kreise seiner Collegen war, ergiebt sich aus der Thatsache, daß er schon im Jahre 1831, als einer der dem Amtsalter nach jüngsten rechtsgelehrten Senatoren bei der Bürgermeister-Wahl im Loose war und daß er im Jahre 1834 zum Spruchmann des vom Deutschen Bundestage eingesetzten Bundes-Schiedsgerichts ernannt wurde.

Neben diesen wohlverdienten Erfolgen im Amte und Berufe wurde M. auch ein überaus glückliches Familienleben zu Theil.

Ein mit anderen alten Papieren aufbewahrtes Rechnungsbuch, in welchem M. in den letzten Jahren des vorigen und in den ersten Jahren dieses Jahrhunderts seine Ausgaben genau verzeichnete, läßt uns nicht uninteressante Blicke in das Leben jener Zeit thun. M. hatte seit Himmelfahrt 1795 ein am Catharinen-Kirchhof belegenes, der Kirche gehöriges Haus für 800 Mark Courant jährlich in Miethe. Seine ansehnlichen Einnahmen gestatteten ihm ein behagliches, von kleinlichen Sorgen freies Leben. Obwohl Feuerung, Wein, Butter, Mehl und andere in größeren Mengen eingenommene Hausstandsbedürfnisse (auch „Wildpret zu Tractamenten") von M. direct bezahlt wurden, beliefen sich die Beträge, welche er seiner Frau für den Hausstand gab, schon im Jahre 1800 auf über 5000 Mark Courant. Gelegentlich scheint es dem Hausherrn zu viel geworden zu sein; es findet sich die Bemerkung: „für den Hausstand 80 Mark Courant, es hat kein Ende!" oder „an Madame zur Verhütung eines Bankrotts extra 50 Mark Courant" oder — sicherlich scherzhaft gemeint —: „an meine Verschwenderin extra 50 Mark Courant." Zur Rechtfertigung der Frau Licentiatin muß aber berücksichtigt werden, daß sich in jenen Jahren die Familie schnell vergrößerte und folglich auch die Haushalts-Ausgaben zunehmen mußten. Jahr aus, Jahr ein war eine Amme im Hause, welche 30 Mark Courant vierteljährlich Lohn erhielt, und fast in jedem Jahre erschien außerdem eine Wartefrau. Nach der Geburt eines Kindes fanden zwei Danksagungen in der Kirche statt, jede mit 22 Mark 8 Schilling Courant honorirt. Die Taufe war im Hause mit manchen Extrakosten verbunden. Bei der Taufe der Tochter Bertha im Jahre 1805 findet sich notirt: „an die Mädchen statt des Tractaments 38 Mark 4 Schilling Courant und statt des Ansagens 120 Mark Courant." Ehrengeschenke in Geld und Wein waren sehr gebräuchlich; regelmäßig zu Neujahr erhielten „die Prediger" 12 Species-Dukaten; bei jeder Wahl eines Senators, Syndicus oder Secretairs ward demselben ein „Weinzettel" über 6 oder 8 Stübchen Wein — mit 19, 28 auch 35 Mark Courant bezahlt — verehrt; der Onkel der Frau Licentiatin, Senator Graepel, erhielt bei seiner Wahl einen Portugalöser und das gleiche Geschenk erhielt auch Bruder Carl zu seiner Verheirathung. Schon früh werden Lehrer für den ersten Unterricht der Kinder erwähnt; ein Schreibmeister, ein Candidat Fay (später Candidat Engelhausen, M.'s Schulfreund) werden mit je 16 Mark Courant monatlich honorirt. Ob Krankheiten im Hause häufiger vorkamen oder ob die Sitte der Zeit regelmäßige Visiten des Hausarztes erforderte, steht dahin; jedenfalls erhielten die bekannten Aerzte Dr. Reimarus, Dr. Jaenisch, später Dr. Chaufepié alljährlich ein Honorar von 2—300 Mark Courant.

Auch für die spätere Zukunft der Kinder ward Fürsorge getroffen; im Jahre 1804 kaufte M. seine drei Töchter in das Johanniskloster ein, — was für jede 150 Thaler Species, 92 Mark Courant und 13 Species-Dukaten kostete — und gleichzeitig die Söhne in die Gesellschaften der Flanderfahrer, Schonenfahrer und Englandsfahrer für ein Einkaufsgeld von resp. 10 Mark 12 Schilling Courant, 7 Mark 8 Schilling Courant und 3 Mark 12 Schilling Courant.

Die städtischen Steuern und Abgaben zeichneten sich zu jener Zeit mehr durch Mannichfaltigkeit und seltsame Bezeichnungen, als durch lästige Höhe aus. An Schoß, Kopfgeld, Nachtwachen- und Leuchtengeld, Dreckkarrengeld und Grabengeldern zahlte M. z. B. im Jahre 1800 zusammen nur 167 Mark Courant. Mit der Besetzung Hamburgs durch die Franzosen kamen schwere Einquartirungslasten hinzu; für das Ausquartieren der Soldaten wurde in den Jahren 1807—1811 durchschnittlich über 1000 Mark Courant im Jahre bezahlt. Von der außerordentlichen Contribution nach der Wiederbesetzung Hamburgs im Juni 1813 bezahlte M. das erste Sechstheil mit 1520 Mark 7 Schilling Courant.

Schon in den ersten Jahren nach seiner Verheirathung hatte M. für den Sommer einen Garten gemiethet, für welchen er 400 Mark Courant jährlich bezahlte. Im Jahre 1800 kaufte er gemeinschaftlich mit seinem Freunde Abendroth (dem späteren Bürgermeister) für 24,000 Mark Species die „außerhalb Dammthor am Fahrdamm nach Herbstehude und Eppendorf", d. h. an der Rothenbaum-Chaussee, belegenen drei Gartenhäuser des Herrn Charles Stuart. Im Jahre 1804 theilten sich Abendroth und Mönckeberg das bisher gemeinschaftlich besessene Grundstück und ließen neue, größere Häuser auf demselben erbauen. Während der Belagerung wurden alle Häuser vor dem Dammthor niedergebrannt; als Abendroth nach der Befreiung Hamburgs als Amtmann nach Ritzebüttel ging, verkaufte er seinen Platz mit den darauf befindlichen Ruinen an Mönckeberg, welcher die beiden Häuser für ca. 24,000 Mark Crt. wiederherstellen und den im Ganzen 150 Quadratruthen großen Garten mit Hülfe seines sachverständigen Freundes, des Oberalten von Axen, neu anlegen ließ.

Schon im Jahre 1809 hatte M. sich auch in der Stadt ein eigenes geräumiges Haus erworben, welches an der Ecke des Neuen

Wandrahm und des Kleinen Jungfernstieg, mit der Rückseite am Fleeth, belegen, mit seinen 21 Zimmern auch den weitgehenden Ansprüchen einer zahlreichen und gesellig lebenden Familie genügte.

Als dies Haus bezogen wurde, in welchem M. bis an seinen Tod während des Winters wohnte, konnte die bekannte hamburgische Dichterin **Christine Westphalen**, geb. von Axen, ihrem Freunde Mönckeberg zurufen:

> „Segen ersteh' ich dem Kindergesegneten, edelen Vater,
> Segen der Mutter und Heil Allen, die sie ihm gebar,
> Segen erhalte dies Haus, als Stütze der kommenden Nachwelt;
> Segen beglücke noch spät jeglichen Abzweig von ihr!
> Aber warum ersteh' ich den Segen noch über die Guten?
> In sich tragen sie schon jeglichen Segens Gewinn!"

Von den zehn Kindern des Hauses waren damals acht am Leben; zwei waren in frühester Kindheit verstorben. Während der Belagerung Hamburgs — im Hause lag Einquartierung, ein allgemeiner Angriff wurde erwartet, die Lärmtrommel ging, man hörte beständig schießen und durfte nicht auf die Straße gehen — traf die Eltern der schwere Schlag, einen hochbegabten liebenswürdigen Sohn, **Ernst**, im 15. Lebensjahre am Nervenfieber zu verlieren. Ein Brief, welchen der tiefbetrübte Vater am Tage der Beerdigung an seine Schwägerin **Francisca Baetcke** gerichtet, schildert zunächst den Verlauf der Krankheit und fährt dann fort: „Ich war in meinem Zimmer von all meinen Kindern umgeben, als ich die Botschaft von seinem Hinscheiden bekam. Ich kann es nicht dem Ungefähr zuschreiben, daß meine erste Empfindung mich höher erhob, daß ich die Kraft behielt, mich an meine Kinder zu wenden. Sie mußten mir freilich versprechen, daß sie in ihrem ganzen Leben, wenn sie am Scheidewege des Rechts und Unrechts stehen, sich immer selbst fragen wollen, was hätte Ernst gethan; denn so ausgezeichnet der gute Ernst auch durch seine Talente, Fleiß und Fortschritte war, so war doch sein himmlisch sanfter Charakter, sein göttliches Gefühl für Recht und Unrecht noch ungleich mehr. Er war bei Lebzeiten schon der

Rathgeber aller seiner Geschwister in allen ihren kleinen Angelegenheiten. Sollte er es nicht auch im Tode noch sein können? Ich hoffe, der Eindruck soll nie erlöschen und ich werde an einem künftigen Tage allgemeiner Freude mir das Versprechen wiederholen lassen. Dann soll Jeder zugleich ein sichtbares Andenken von ihm erhalten. Dieser Gedanke stärkt mich. Abgemattet und ermüdet von den Leiden der Zeit würde ich meinen Kummer sonst ungleich schwerer ertragen haben."

Ernst wurde in der großen Michaelis-Kirche, im Gewölbe des Kramer-Amts bestattet. Sein nur um ein Jahr jüngerer Bruder Franz wurde durch den Todesfall so erschüttert, daß er Arzt zu werden beschloß, um Kranken Hülfe bringen zu können.

Im Herbst des Jahres 1816 ging der älteste Sohn, Rudolph, zur Universität, um Jurisprudenz zu studiren. Einige noch vorhandene Briefe, welche derselbe von seinem Vater erhielt, sind voll von beherzigenswerthen Rathschlägen mit Bezug auf das erwählte Fachstudium, die Lectüre, die Benutzung der Zeit und die Wahl des Umganges. Gleich in dem ersten Briefe — vom 20. Oktober 1816 — heißt es: „Du darfst nur mit Auswahl lesen und keineswegs alles Neue, was Dir vorkommt, weil Du sonst entweder zu viel Zeit darauf wenden, oder Dir eine zu flüchtige Art des Lesens angewöhnen würdest. In diesen letzten Fehler bin ich in Göttingen verfallen. Ich glaubte Alles verschlingen zu müssen, besonders, was in gelehrten Zeitungen stand, und kam in ein oberflächliches Lesen hinein, wovon ich noch jetzt die nachtheiligen Folgen empfindlich verspüre. Ich würde Dir rathen, immer ein klassisches Werk nach dem andern zu lesen und als Hauptgegenstand der Lectüre zu betrachten, z. B. Gibbon's Geschichte des Unterganges des römischen Staats, Möser's patriotische Phantasieen. Wenn ich nur erst weiß, wohin sich dein Geschmack lenkt, so will ich Dir schon mehr vorschlagen." Der Brief schließt mit den Worten: „Könnte ich Dir nun noch für heute einen väterlichen Rath tief einprägen, so wäre es der, daß Du fest an Gott und Deine Religion hältest. Man wird so leicht gleichgültig dagegen, und doch sind es die sichersten Stützen im Leben! Ich kann Dir kein größeres Glück wünschen, als festes Vertrauen in Gott." Sehr bezeichnend für den Verfasser ist ein anderer Brief, in welchem der Verfasser an seinem 50. Geburtstage dem Sohne schreibt: „Verwende nicht zu viel Zeit auf Deine Collegien, Vorbereitungen und Nachholungen. Das macht einseitig und steif. Die wahre Vorbereitung, nicht blos zum praktischen Leben, sondern zur Erfüllung seiner Bestimmung als Mensch muß darin bestehen, daß man Geist und Herz ausbildet. Das lernst Du nicht in Collegien; es kommt aus Dir selbst, durch verständige Lectüre und Umgang mit gebildeten Menschen. Die letzteren suche auf, wo Du kannst: ein Freund dieser Art ist das unschätzbarste Kleinod und auf Universitäten unentbehrlich. Das Lesen classischer Schriftsteller aller Nationen und Zeiten ist gleich nothwendig. Fange bei den deutschen an, Dichter oder Prosaisten, alles gilt gleich; nur halte Dich nicht bei den Mittelmäßigen auf, denn Du hast viel Zeit nöthig, um die Reihe der Guten durchzumachen und Dir ihren Geist anzueignen. Zu diesem Lesen mußt Du Dir täglich eine oder ein paar Stunden frei halten. Du kannst sie nicht nützlicher anwenden. — Noch eins: wie geräthst Du an Herders Ideen? Das Buch erfordert große Vorkenntnisse und ist nicht klar genug. Wenn es Dich nicht sehr anzieht, so lege es ruhig wieder bei Seite." Der erfahrene Praktiker spricht aus einem anderen Briefe (24. Mai 1817), in welchem es heißt: „Ich möchte Dir rathen, beim Nachstudiren laut zu denken und etwa beim Auf- und Abgehen im Zimmer eine Materie, mit der Du beim Repetiren fertig geworden bist, Dir selbst laut vorzutragen. Dadurch gewöhnt man sich allmählig an einen ordentlichen und mündlichen Vortrag; beides gleich unentbehrliche Erfordernisse." Endlich in einem Briefe vom 1. Februar 1818 — Ernst's Todestag — zeigt sich das warme Herz des Vaters, wenn derselbe schreibt: „Wie unendlich glücklich würde ich sein, wenn der gute Ernst bei Dir wäre. Sei er Dir immer, ein Schutzengel, gegenwärtig. Ich schreibe Dir dies in einer ernsten Stunde! Wie könnte ich sie besser anwenden! Halt immer fest an Deinem Glauben und am Wiedersehn. Dein Vater kann Dir nichts Besseres wünschen."

Im Sommer 1817 wurde der Student von seinem Vater in Göttingen besucht.*) Die den letzteren begleitende Tochter Sophie schildert in ihrem Reise-Tagebuch in ergötzlicher Weise die freudige Erregung, mit welcher der Vater dem Wiedersehen entgegenging. „Um 3 Uhr Nachmittags langten wir in Nordheim an. Vaters Ungeduld, nach Göttingen zu kommen, war aber so groß, daß er mir vordemonstrirte, ich sei nicht hungrig (obgleich ich seit 8 Uhr nichts gegessen hatte) und nur im Posthause abstieg. Von dem Wirthshause aus, welches der Post gegenüber lag, kam ein einladender Geruch schöner Speisen zu uns herüber; eine Menge Studenten verzehrten da vor der Thür ihr Mittagsbrod und gafften uns an. Ich wünschte mit Ungeduld die Postpferde her, welche für mich viel zu spät endlich anlangten" Sowohl den Bruder, als einige andere junge Hamburger, welche bald nach Ankunft der Reisenden in Göttingen ihre Aufwartung machten, findet die Tagebuch-Schreiberin „sehr zu ihrem Vortheil verändert." Die Studenten, unter welchen „August" — der spätere Dr. Abendroth — besonders bevorzugt wurde, aßen mit den Reisenden im Gasthofe und begleiteten dieselben mit dem Bibliothekar Professor Benecke**) und seiner Tochter nach der Plesse. („So schön auch die Aussicht war, konnte man sie wegen der

---

*) M. machte seiner Gesundheit wegen regelmäßig Badereisen nach Rehburg, Doberan, dann während einer langen Reihe von Jahren nach Liebenstein, wo er allgemein bekannt und wegen seines Humors und seiner Freundlichkeit bei Vornehm und Gering beliebt war. Seine älteste Tochter Sophie war die stete Begleiterin auf seinen Reisen und die treue Pflegerin seines Alters. In ihrer Jugend von glänzender Schönheit und viel umworben, blieb sie, wie es heißt, in Folge einer unglücklichen Liebe, unvermählt.

**) Bekannter Germanist, Bruder des Hamburger Bürgermeister Benecke.

Mühseligkeit des Erkletterns des Berges nicht genießen; hätte August nicht so gut nachgeholfen, wer weiß ob eine Sophie M. je die Plesse gesehen hätte.") Die Unterhaltung beim Thee in Mariaspring war für die jungen Damen „nicht gerade sehr interessant, da die Herren nur juristische Sachen abhandelten." Im folgenden Jahre verließ Rudolph Göttingen (in Folge der in diesem Jahre gegen die Universität ausgesprochenen Verrufserklärung, welche alle Studenten, die nicht Landeskinder waren, vertrieb) um seine Studien in Jena fortzusetzen. Als am 9. August 1819, dem Geburtstage der Mutter, zugleich das 25jährige Amtsjubiläum des Vaters in dem am Rothenbaum belegenen Garten durch sinnreiche Festspiele gefeiert wurde, konnte der älteste Sohn seine Glückwünsche als neugebackener Doctor der Rechte übersenden. Bald darauf kehrte er in die Vaterstadt zurück und widmete sich, unter der erfahrenen Leitung des Vaters, der Advocatur. Als letzterer im Jahre 1826 in den Senat erwählt wurde, hatte er die Genugthuung, daß sein Sohn zu seinem Nachfolger als Secretair und Bibliothekar des Commercium ernannt wurde. *)

Auch die drei jüngeren Söhne kehrten nach beendeten Universitätsstudien in die Vaterstadt zurück. Von den Töchtern heirathete Bertha im Jahre 1827 ihren Vetter Dr. med. Rudolph Baecke und Mathilde im Jahre 1834 den ersten Arzt am Allgemeinen Krankenhause Dr. med. J. Sandtmann. Wurde somit dem M.'schen Hause viel Glück und Freude zu Theil, so fehlte es andererseits auch nicht an schweren Schicksalsschlägen. M. selbst erblindete und wenn ihm auch durch eine glückliche Operation das Augenlicht wiedergegeben wurde, blieb er doch im Gebrauch der Augen sehr behindert. Nach nur einjähriger, glücklicher Ehe wurde die Tochter Bertha den Ihrigen durch

---

*) Rudolph starb vor seinem Vater im Jahre 1840 — der letzte schwere Schlag, durch welchen der letztere betroffen wurde.

den Tod entrissen. Im Jahre 1833 starb M.'s zweiter Sohn Franz, ein ausgezeichnet tüchtiger und allgemein beliebter junger Arzt, mit Hinterlassung einer trauernden Wittwe und einer erst 10 Monate alten Tochter und zwei Jahre später, am 24. April 1835, verlor M. auch seine treue Gattin nach 41jähriger glücklicher Ehe. In der von dem Wittwer verfaßten Danksagung heißt es von ihr: „In der Freude, wie im Leide zeigte die Entschlafene immer ihren stillen, ruhigen Sinn und wie sie, so lange Gott ihr Kräfte schenkte, den Ihren ein Beispiel anspruchsloser Thätigkeit gab, so zeigte sie sich geduldig und in Gottes Willen ergeben auf dem langen Krankenlager, das sie am Ende ihres Lebens zu ertragen hatte."

Unter diesen Umständen war es natürlich, daß der gesellige Verkehr im M.'schen Hause mehr und mehr eingeschränkt wurde. Zwar brachten die Verlobung und Heirath des vorjüngsten und die Verlobung des jüngsten Sohnes auf's Neue Freude in das Haus des Vaters; aber im Allgemeinen beschränkte sich M.'s Umgang während seiner letzten Lebensjahre auf wenige engbefreundete Familien, vor Allen die des Senator Pehmöller und des Oberalten-Secretair Dr Ferd. Beneke, mit denen im Winter alle 14 Tage Sonntags ein sog. Kränzchen gehalten wurde. M. bewahrte sich bis in sein höheres Alter seinen fröhlichen Sinn, den originellen Humor und die mit treffenden plattdeutschen Redensarten gewürzten, niemals verletzenden sarkastischen Bemerkungen, welche ihn in früherer Zeit zu einem in den weitesten Kreisen allgemein beliebten Gesellschafter gemacht hatten. Auch die Liebe zur Tonkunst hat M. sich während seines ganzen Lebens bewahrt; besonders gern ließ er sich Abends klassische Musik, z. B. Beethovensche Sonaten nach eigener Auswahl vorspielen.

Als M. am 30. April 1842, wenige Tage vor Beginn des großen Hamburger Brandes verstarb, schrieb sein alter Freund Beneke in sein Tagebuch: „Ein großer allgemeiner Verlust. Im Senat ist M. schwer zu ersetzen. Seine Verfassungskunde, Klugheit, Humanität, seine Rechtschaffenheit und Charakterfestigkeit, seine geistvolle Thätigkeit, die er noch immer mit jugendlicher Energie ausübte; bei wem finden sich alle diese Eigenschaften so vereinigt wieder?"

Im Senate hielt Bürgermeister Bartels einen warm empfundenen Nachruf und den Gefühlen weiter Kreise der Mitbürger verlieh Professor Wurm in der bereits oben angeführten, im Mai 1842 erschienenen Flugschrift mit den Worten Ausdruck: „Unermüdet und unverdrossen, mit einem reichen Schatze des Wissens und mit dem reinsten Bürgersinn, klar und fest, in Leiden geprüft und bewährt, wirkte Johann Georg Mönckeberg bis ans Ende. Legt ihm den Bürgerkranz auf's Grab, er ist wohlverdient."

Stammtafel
der
Familie Mönckeberg.

I. **Jasper Mönckeberg,** Bürger in Münder am Deister, war verehelicht mit Agnete Pluns und starb zwischen 1648 und 1657.

    Kinder:

1. **Hans Mönckeberg,** sel. Jasper Mönckeberg's relictus ward 1657, October 23, copulirt mit Jungfrau Margreta Tonebol, sel. Joannis Tonebols filia relicta. Nach deren Tode heirathete er zum zweiten Male im Jahre 1670, Juni 14, Ilsabe Roterbergs, sel. Erich Roterbergs relicta filia, sel. Berend Holstens vidua. Hans M. starb vor 1693. (Seine Kinder siehe unter II.)

2. **Henrich Mönckeberg,** sel. Jasper Mönckebergs relictus filius ward 1662, November 4, copulirt mit Jungfrau Ilsaben Woltermanns, sel. Hans Woltermanns relicta filia und starb im Jahre 1670. Seine Wittwe heirathete am 5. December 1671 Tobias Krul.

    Kinder:

1) **Clamer Mönckeberg,** geboren 1663, copulirt 1688 am 23sten post Trinitatis mit Jungfrau Dorothea Margreta Kahlen, Hans Kahlen filia, starb 1726, den 14. November, alt 63 Jahre. Im Jahre 1705 am 3. November ward ein Sohn von ihm Berendt Christian getauft, über dessen weitere Schicksale nichts bekannt ist.

2) **Jost Mönckeberg,** geb. 1667, November 13, wahrscheinlich früh verstorben.

3) sel. **Henrich Mönckebergs** posthumus genannt **Henrich,** geb. 1670, Juli 24, wahrscheinlich früh verstorben.

II. **Hans Möndeberg's** Kinder waren:

1. **Joan Jürgen Möndeberg**, Bürger Hans Möndebergs Sohn, geboren 1659, October 6 (?) ward copulirt 1691, am 21sten post Trinitatis mit Jungfrau Maria Elisabeth Fresen, sel. Christian Fresen hinterlassenen ehelichen Tochter, geboren 1667, verstorben 1742 Sexages. — seine Kinder s. unter III.

2. **Berend Möndeberg**, sel. Hans Möndebergs Sohn, ward am 31. Juli 1693 copulirt mit Jungfrau Dorothea Elisabeth Tonebohl, sel. Jobst Tonebohl ehelichen Tochter, geboren 1671, verstorben 1737, März 20. Berend M., der „Kellerwirth" starb 1751, September 18, „ein alter abgelebter Bürger".

   Kinder:
   1) **Margret Maria Möndeberg**, geb. 1694, September 7.
   2) **Johann Hinrich Möndeberg**, geb. 1700, gest. 1729, December 4.
   3) **Johann David Siegmund Möndeberg**, geb. 1706, August 7. Gevattern: Bürgermeister und Rathsherren der Stadt Münder; früh verstorben.
   4) **Johann Conrad Möndeberg**, geb. 1711, Juni 18, früh verstorben.
   5) **Friedrich Adolph Möndeberg**, geb. 1716, März 3, früh verstorben.

III. **Joan Jürgen Möndeberg** hatte zwei Söhne:

1. **Christian Möndeberg**, Jürgens Sohn, Bürger und Brauer zu Münder, geb. 1702, verheirathet 1725, November 22, mit Jungfrau Margret Elisabeth Soltenborn, Jürgens Tochter, geboren 1699, gestorben 1779, April 30. Christian M. starb 1758, März 18. — Kinder s. unter IV.

2. **Johann Jürgen Möndeberg**, Bürger, Bäcker und Brauer, geboren 1704, März 16, gestorben unverheirathet 1757, Januar 3.

IV. **Christian Möndeberg's** Kinder waren:

1. **Maria Elisabeth**, geboren 1726, September 6, verehelichte Mönnichhusen, später verehelichte Erdmann.

2. **Johann Jürgen** — nannte sich später Johann Georg — geboren 1729, Juli 16, gestorben unverheirathet zu Altona 1783, November 9.

3. **Ernst Friederich Mönckeberg,** geboren in Münder 1735, April 4, Kaufmann in Hamburg, verheirathet am 15. Juni 1763 mit Sophia Margaretha Leisner aus Altona (geb. 1737, Mai 30, gestorben 1809, Mai 8) Er starb 1785, am 26. December.

V. **Ernst Friedrich Mönckeberg's Kinder:**

1. **Ernst Friedrich Mönckeberg,** geboren 1764, März 17, setzte als Kaufmann das Geschäft des Vaters fort, starb 1838 am 24. Februar unverheirathet.

2. **Dorothea Margaretha Mönckeberg,** geboren 1765, Mai 27, starb 1768, October 26.

3. **Johann Georg Mönckeberg,** geboren 1766, November 7, promovirt als J. U. Lic. in Göttingen 1788, den 13. September, zum Protokollisten der Commerz-Deputation erwählt 1794, den 9. August, zum Senator 1826, den 4. December; verheirathet am 1. Mai 1794 mit Catharina Magdalena Graepel (Tochter von Franz Christian Graepel und Catharina Susanne Otte, geboren 1767, August 9, gestorben 1835, April 20.) Er starb 1842, den 30. April. — Kinder siehe unter VI.

4. **Christina Maria Mönckeberg,** geboren 1770, September 20, verheirathet 1798, Mai 6 mit Encke Regensdorff. Kinderlos verstorben 1799, am 21. Juli.

5. **Carl Friedrich Mönckeberg,** geboren 1772, Juni 20, Kaufmann, verheirathet im Jahre 1800, mit Catharina Lucretia Ide, gestorben 1801 im März kinderlos.

6. **Johanna Catharina Mönckeberg,** geboren 1774, September 4, verheirathet am 14. Mai 1809 mit Jean Maurice Laurent, französischem Gensdarmerie-Offizier, welcher am 31. December 1811 verstarb. Die Wittwe starb 1859, am 11. Juni. Ihr Sohn

Johann Carl Mauritz Laurent, geb. 1810, am 29. Januar, wurde Dr. phil. ordentlicher Lehrer an der Gelehrtenschule des Johanneums und Secretair der Stadtbibliothek, verheirathete sich am 26. November 1840 mit Minna Rist (geb. den 27. October 1809, gestorben den 24. December 1849), welche ihm am 5. Mai 1842 eine Tochter Maria gebar, die vor der Mutter starb. Dr. Laurent starb in Ahrensburg am 4. Mai 1876; seine Schriften siehe im Hamburger Schriftsteller-Lexikon.

VI. Johann Georg Mönckeberg's Kinder:

1. **Ernst Franz Mönckeberg**, geb. 1795, Februar 23, gestorben 1795, Mai 11.

2. **Rudolph Mönckeberg**, geb. 1796, April 10, studirte in Göttingen und Jena, promovirt als J. U. Dr. daselbst im Jahre 1819, ward Secretair der Commerz-Deputation 1827, starb unverheirathet am 27. Januar 1840.

3. **Sophie Mönckeberg**, geboren 1797, Juni 12, blieb unverheirathet; war nach dem Tode ihrer Mutter die treue Pflegerin des alternden Vaters. Gestorben 1860, den 9. August.

4. **Ernst Mönckeberg**, geboren 1799, Juni 9, gestorben während der Belagerung Hamburgs am 1. Februar 1814.

5. **Franz Mönckeberg**, geb. 1800, November 20, Dr. med. und Arzt in Hamburg, verheirathet am 8. Juni 1831 mit Amalie Prale (geboren den 16. Februar 1806), gestorben 1833, den 24. August. Seine Tochter

Amalia Magdalena Mönckeberg, geboren 1832, October 27, heirathete 1861, den 16. Mai, Daniel von der Meden, J. U. Dr., (geboren 1823, Juli 30, zum Secretair des Obergerichts erwählt 1861, zum Richter am Handelsgericht 1866, gestorben 1877, Juni 30).

Kinder:
1) **Amalie Wilhelmine Magdalena**, geb. 1862, März 2.
2) **Magdalena Francis**, geb. 1864, Juli 11.
3) **Magdalena Hedwig**, geb. 1866, December 1.
4) **Daniel**, geb. 1869, December 15.
5) **Paul**, geb. 1872, October 9.

6. **Mathilde Möncheberg,** geb. 1801, den 27. December, verheirathet am 30. September 1834 mit Dr. med. Johannes Sandtmann, (geboren 1789, den 12. October, ward 1824 erster Arzt am Allgemeinen Krankenhause, verheirathete sich 1820, den 7. October, mit Modesta Louise Flügge, welche ihm zwei Töchter gebar und 1832 starb. Sandtmann starb 1839, den 23. April) kinderlos verstorben 1848, den 20. März.

7. **Amanda Möncheberg,** geboren 1803, den 4. August, gestorben 1805, den 17. Mai.

8. **Bertha Möncheberg,** geboren 1805, den 5. September, verheirathet mit ihrem Vetter Dr. med. Rudolph Baetcke, (welcher in zweiter Ehe Emilie Abendroth heirathete und 1866 starb), kinderlos verstorben 1828, den 29. August.

9. **Carl Möncheberg,** geboren 1807, den 3. März, zum Pastor zu St. Nicolai erwählt 1837, den 15. October, verheirathet 1838, am 9. Januar, mit Johanna Louise Schröder (geboren 1812, den 15. Januar, Tochter des Oberalten Anthon Diederich Schröder), von der Leipziger Facultät honoris causa zum Doctor Theologiæ ernannt am 1. Januar 1877 — Kinder s. unter VII a.

10. **Georg Möncheberg,** geboren 1808, den 13. April, J. U. Licentiatus, Secretair der Deputation für indirecte Steuern und Abgaben, verheirathet 1842, den 15. October, mit Bertha Ebeling (geboren 1823, den 18. Februar, Tochter des Advocaten Dr. Joh. Christ. Levin Ebeling). — Kinder s. unter VII b.

VII. a **Carl Möncheberg's Kinder:**

1. **Johann Georg Möncheberg,** geboren 1839, den 22. August, J. U. Dr. und Advocat 1862, verheirathet am 6. Juni 1867 mit Elise Mathilde Tesdorpf (geboren 1846, den 4. Juli, Adoptivtochter des Senator Adolph Tesdorpf), zum Senator erwählt am 3. Juli 1876.

    Kinder:

1) **Susanna**, geb. 1868, December 27.
2) **Therese Maria**, geb. 1870, Juli 26.
3) **Olga Luise**, geb. 1871, December 17.
4) **Carl Adolph**, geb. 1873, October 11.
5) **Therese**, geb. 1875, März 30.
6) **Johann Georg**, geb. 1877, August 5.
7) **Mathilde**, geb. 1879, April 1.
8) **Adolph**, geb. 1881, Juli 9.

2. **Maria Magdalena Mönckeberg**, geboren 1842, den 18. Juni, gestorben 1856, den 31. Mai.

3. **Anna Mönckeberg**, geboren 1845, den 27. Juni, gestorben nach siebenjährigem Krankenlager 1863, den 2. Mai.

4. **Rudolph Mönckeberg**, geboren 1846, September 22, J. U. Dr. und Rechtsanwalt, verheirathet am 21. August 1877 mit Adele Sthamer (geboren 1854, den 11. October, Tochter von Wilhelm Sthamer und seiner Ehefrau Adele, geb. Haller).
Kinder:
1) **Adele Louise**, geb. 1878, Juli 14.
2) **Anna Maria**, geb. 1882, November 29.

5. **Clara Mönckeberg**, geboren 1848, den 28. September.

VII b. **Georg Mönckeberg's** Kinder:

1. **Otto Wilhelm Mönckeberg**, geboren 1843, den 2. August, J. U. Dr. zum Staatsanwalt erwählt 1871, zum Richter am Niedergericht 1877, zum Landgerichtsdirector 1881, zum Präsidenten der Bürgerschaft am 11. Februar 1885, verheirathet am 29. Mai 1873 mit Antonie von Melle (geboren 1851, den 3. Januar, Tochter des Senator Emil von Melle).

2. **Helene Mönckeberg**, geboren 1844, September 3, gestorben 1845, November 13.

3. **Ida Mönckeberg**, geboren 1847, April 28, verheirathet 1865, den 6. Juni mit Wilhelm Bargmann, J. U. Dr. und Rechtsanwalt (geboren 1819, März 8), gestorben 1878, den 12. Juni.
Kinder:

1) **Georg Wilhelm Bargmann**, geb. 1869, Juli 27.
2) **Elfa Bargmann**, geb. 1873, April 21.

4. **Bertha Mönckeberg**, geboren 1851, August 5, verheirathet am 22. Juni 1869 mit Eduard Schellhaß (geb. 1835, October 1).
   Kinder:
   1) **Georg Friedrich Schellhaß**, geb. 1872, März 21.
   2) **Bertha Elise Schellhaß**, geb. 1874, November 5.
   3) **Olga Elise Schellhaß**, geb. 1878, Januar 1.
   4) **Helene Schellhaß**, geb. 1879, October 2.

5. **Olga Mönckeberg**, geboren 1855, September 13, verheirathet 1877, den 7. Februar, mit Gustav Schulte Köpcke (geboren 1850, den 10. September).
   Kinder:
   1) **Walter Köpcke**, geb. 1880, December 17.
   2) **Max Köpcke**, geb. 1883, October 20.

6. **Mary Mönckeberg**, geboren 1859, März 27, verheirathet am 4. März 1884 mit Georg Adolph Köpcke (geboren 1847, den 30. Mai).